Abi *Profi*

Geschichte

Erarbeitet von

Rudolf Berg

Cornelsen

Abi-Profi Geschichte
Prüfungswissen – Übungen – Abituraufgaben

Redaktion: Karl-Heinz Holstein
Gestaltung: Katrin Nehm

Dieses Werk berücksichtigt die Regeln
der reformierten Rechtschreibung und Zeichensetzung.
Bei den mit R gekennzeichneten Texten haben die Rechteinhaber
einer Anpassung widersprochen.

www.cornelsen.de

1. Auflage, 3. Druck 2006

Alle Drucke dieser Auflage sind inhaltlich unverändert
und können im Unterricht nebeneinander verwendet werden.

Druck: CS-Druck CornelsenStürtz, Berlin

ISBN-13: 978-3-464-64283-2
ISBN-10:   3-464-64283-6

 Inhalt gedruckt auf säurefreiem Papier aus nachhaltiger Forstwirtschaft.

Vorwort

Liebe Abiturientin, lieber Abiturient,

wir glauben, dass Sie mit der Wahl des Abi-Profis Geschichte einen Erfolg versprechenden Schritt zur Verbesserung Ihrer Abiturvorbereitung getan haben.

Der Abi-Profi Geschichte bietet Ihnen neben einer allgemeinen Einführung in das Schreiben von Klausuren eine detaillierte Anleitung zur Erschließung von historischen Quellen, wie sie für Kurs- und Abiturklausuren vorgesehen sind.

Anhand der **Muster-Klausuren** werden sie nicht nur in der Analyse der Aufgabenstellung trainiert, sondern auch in die systematische Erarbeitung von Textquellen, Bildquellen und Statistik eingeführt.

Der Teil „**Mündliches Abitur**" macht Sie mit den Prüfungsmodalitäten bekannt und bietet Ihnen Aufgaben zur Prüfungsvorbereitung.

In einem dritten Teil werden Ihnen neun **Übungsklausuren** zu Textquellen, vier zu Bildquellen und eine zu Statistiken angeboten; die Lösungsskizzen dazu finden Sie im Beiheft des Abi-Trainers.

Der historische Stoff wird im Abi-Profi zwar wiederholt, aber grundsätzlich als bekannt vorausgesetzt. Die Muster- und Übungsklausuren wie die Aufgaben zur mündlichen Prüfung umfassen den Stoff von der Außen- und Innenpolitik des 18. bis 20. Jahrhunderts, in der Wirtschaftsgeschichte vor allem die des 19. Jahrhunderts.

Weitere Hilfen erhalten Sie im Internet unter www.learnetix.de/abi.

Wir wünschen Ihnen viel Erfolg bei Ihrer Arbeit mit dem Abi-Profi!

Inhalt

1.1   Allgemeine Regeln zur Abfassung einer Klausur

Die Klausuren besitzen in der Kursphase wie in der Abiturprüfung selbst ein großes Gewicht in der Notenbildung. Da es keineswegs selbstverständlich ist, dass in den schriftlichen Arbeiten Ihre tatsächlichen Kenntnisse und Fähigkeiten zum Ausdruck kommen und für den Prüfer erkennbar sind, sollten Sie der Technik des Klausurenschreibens bei der Vorbereitung der Abiturprüfung ganz besondere Aufmerksamkeit schenken.

Im folgenden Trainingsprogramm werden Sie zunächst mit allgemeinen Regeln zur Abfassung einer Klausur vertraut gemacht. Dann erst folgt eine Einführung in die Erschließung verschiedener Quellenarten, die häufig die Grundlage von Aufgaben im Geschichtsabitur bilden. Darunter dominieren vor allem schriftliche Quellen. Statistiken und Bildquellen kommen aber immer häufiger vor. Deshalb werden Sie in alle drei Gattungen gleichermaßen exemplarisch eingeführt. An diesen Einführungsteil schließen sich dann Übungsklausuren an, die Sie selbstständig bearbeiten sollten. Ihre Ergebnisse können Sie dann mit den Lösungsvorschlägen im Beiheft vergleichen.

Sie sollten sich bei Ihren Klausuren an folgende Arbeitsschritte halten:

– Aufgabe verstehen

– Quelle studieren und erste Eindrücke festhalten

– Einzelaufgaben systematisch aufbereiten und durcharbeiten

– Niederschrift der Ergebnisse

Bei jedem der Schritte ist es nützlich, fundamentale Regeln zu beachten:

Zunächst scheint es geradezu überflüssig, zu sagen, dass Ihr erstes Augenmerk der **Aufgabenstellung** gehören sollte. Gleichwohl zeigt die Erfahrung, dass dieser Arbeitsschritt häufig zu leichtfertig erledigt wird. Um nicht bereits hier entscheidende Fehler zu machen, sollten Sie folgende Punkte beherzigen:

1. Achten Sie auf den genauen Wortlaut der Aufgabenstellung.

2. Unterstreichen Sie die Kernbegriffe.

3. Machen Sie sich klar, was der Arbeitsauftrag – erkennbar am Verb/der Satzaussage – von Ihnen verlangt (vgl. unten „2.2 Arbeitsaufträge in der Abiturklausur").

Bei der **Bearbeitung** der Aufgaben müssen Sie methodisch vorgehen:

1. Analysieren Sie zuerst den Arbeitsauftrag, studieren Sie dann die Quelle (Text, Bild, Statistik etc.). Jetzt erst sind Sie gerüstet, den Auftrag Punkt für Punkt abzuarbeiten.

2. Machen Sie Anstreichungen im Text, Notizen auf einem Beiblatt und schreiben Sie erst dann Ihre Ergebnisse geordnet nieder.

3. Berücksichtigen Sie, dass Aufgaben aus zwei oder mehreren Teilschritten bestehen können, die alle einen Niederschlag in Ihrer Lösung finden müssen. Haken Sie die Schritte nach der Behandlung auf der Angabe ab.

4. Beachten Sie – wenn vorhanden – die für die Lösungen ausgewiesenen Bewertungseinheiten. Eine hohe Zahl kann bedeuten, dass Sie entweder viele Einzelheiten oder eine besonders anspruchsvolle Argumentation bieten müssen.

Während der Bearbeitung der Aufgaben dürfen Sie über den Einzelheiten des Quellenstudiums und der Niederschrift nicht die Prüfungszeit und die Zeitökonomie aus den Augen verlieren. Deshalb:

1. Teilen Sie die für die Klausur zur Verfügung stehende Zeit so ein, dass Sie alle Aufgaben mit der erforderlichen Intensität bearbeiten können.

2. Bleiben Sie nicht an einer Aufgabe zu lange hängen. Lassen Sie sich nicht entmutigen, wenn Sie mit der einen oder anderen Aufgabe nichts oder nur wenig anfangen können. Machen Sie die anderen umso sorgfältiger.

3. Sehen Sie auch einige Minuten für das abschließende kritische Durchlesen Ihrer Antworten vor.

Auch die **Niederschrift** der Antworten erfordert die Beachtung von Regeln:

1. Machen Sie bei Ihrer Lösung stets deutlich, welchen Teilschritt Sie gerade bearbeiten.

2. Belegen Sie Ihre Aussagen mit Zitaten aus der Quelle (Anführungszeichen und Zeilenangabe) und mit anderen geeigneten Beispielen aus dem Text.

3. Ziehen Sie stets konkrete Einzelheiten und Beispiele heran, um Ihre abstrakten Thesen zu veranschaulichen.

4. Verweisen Sie nicht auf Äußerungen, welche Sie bei der Lösung einer anderen Aufgabe bereits gemacht haben. Wiederholen Sie notfalls diese Aussagen.

5. Schreiben Sie leserlich und im sachlichen Stil. Vermeiden Sie Rechtschreibfehler. Bei der Bewertung Ihrer Leistung muss auch die sprachliche Qualität und die Fähigkeit zur geordneten Wiedergabe Ihrer Kenntnisse und Einsichten berücksichtigt werden.

1.2 Definition der Arbeitsaufträge

Ziel des Geschichtsunterrichts in der Oberstufe des Gymnasiums ist es, die Fähigkeit zum selbstständigen Urteilen über historische Sachverhalte zu vermitteln. Dazu gehören fundierte Kenntnisse und die Beherrschung fachspezifischer Methoden.

Nach einem Beschluss der Kultusministerkonferenz aller deutscher Länder von 1989 muss eine Abituraufgabe in Geschichte die Fähigkeiten und Fertigkeiten des Abiturienten in drei Anforderungsbereichen prüfen, im Bereich I Reproduktion (Wiedergeben; Beschreibung, Darstellung), im Bereich II Reorganisation (selbstständiges Anwenden von Gelerntem) und im Bereich III Transfer (planmäßiges Verarbeiten komplexer Gegebenheiten).

Zum Anforderungsbereich I **Reproduktion** gehören vor allem Kenntnisse. Deshalb entsprechen ihm Arbeitsanweisungen wie „Stellen Sie dar", „Nennen Sie", „Beschreiben Sie". Bei einer Arbeitsanweisung „Nennen Sie" erwartet man, dass Sie umstandslos aufzählen ohne weitere Erläuterungen und Ausführungen. Lautet die Anweisung „Arbeiten Sie aus der Quelle heraus", dann sollten Sie den Sachverhalt anhand der Quelle möglichst präzise mit eigenen Worten – evtl. in Thesenform und mit Zitatbelegen – darstellen.

Der Bereich II **Reorgansation** umfasst die selbstständige Anwendung von Kenntnissen und Fähigkeiten in neuen Zusammenhängen. Ihm entsprechen Arbeitsanweisungen wie „Erklären Sie", „Ordnen Sie ein", „Bearbeiten Sie". Bei der Aufforderung „Erklären Sie" z. B. soll ein Sachverhalt durch eigenes Wissen in einen Funktionszusammenhang (etwa anhand eines Theoriemodells) eingeordnet und in seinen Ursache-Wirkungs-Bezügen dargestellt werden.

Anforderungsbereich III **Transfer** umfasst vor allem Urteilsfähigkeit in komplexen Fragen. Ihm entsprechen Arbeitsaufträge wie „Erörtern Sie", „Bewerten Sie", „Beurteilen Sie", „Nehmen Sie Stellung". Bei „Beurteilen Sie" sollen Thesen oder Behauptungen in einer Argumentationsreihe auf Richtigkeit und Stimmigkeit geprüft werden. Verschiedene Standpunkte sind aufzuführen und zu begründen, Argumente zu gewichten. Es sollen nicht die Maßstäbe von heute, sondern die Maßstäbe der jeweiligen Epoche angelegt werden, es sei denn es wird eine persönliche Stellungnahme verlangt, die die Klarlegung Ihrer eigenen Wertmaßstäbe erfordert. Bei „Erörtern Sie" erwartet man eine Untersuchung einer Sachfrage von wenigstens zwei Positionen aus, gewöhnlich Pro und Kontra einer These. Hier kommt es wie bei der Beurteilung und Bewertung auf die Stichhaltigkeit der Begründung an. Bei „Vergleichen Sie" genügt es nicht, zwei Objekte verbindungslos gegenüber zu stellen, sondern es müssen deren Unterschiede und Gemeinsamkeiten nach sachgerechten eigenen Gesichtspunkten untersucht werden.

Zusammenfassend lässt sich sagen: Während es in Anforderungbereich I auf den Nachweis von Kenntnissen ankommt, erfordert Anforderungsbereich II eine selbstständige und folgerichtige Anwendung von Kenntnissen, eine möglichst genaue Darstellung von Zusammenhängen und Ursache-Wirkungs-Ketten. Anforderungsbereich III verlangt nicht Bekenntnisse, sondern abgesicherte Begründungen für überprüfbare Behauptungen bzw. begründungsstarke Pro-und-Kontra-Abwägungen.

In jeder Abituraufgabe müssen die drei Anforderungsbereiche etwa gleichwertig verlangt sein, wobei im Leistungskurs Bereich III, im Grundkurs Bereich I etwas stärker sein soll. In den folgenden Einführungen und Übungsklausuren wird diese Unterscheidung von Grund- und Leistungskurs vernachlässigt, weil die Intensität des Unterrichts wie die unterschiedliche Arbeitszeit hier nicht berücksichtigt werden können.

1.3 Erschließung schriftlicher Quellen

Schriftliche Quellen sind der dauerhafte sprachliche Überrest einer historischen Situation. Sie haben einen Autor, einen Aufbau und Leitgedanken sowie einen Adressaten. Sie können in Gestalt normativer Texte wie Verfassungen und Gesetze erscheinen, aber auch als meinungsbildende wie Reden und Proklamationen, als reflektierend-analytische oder erzählende wie wissenschaftliche Darstellungen. Autor und Autorenintention, Textqualität und Rolle des Adressaten gilt es in der Erschließung schriftlicher Quellen zu bestimmen.

Meistens erhalten Sie eine detaillierte Anweisung, was Sie an einer Textquelle zu klären, zu erarbeiten haben. Sollte diese Anweisung aber ganz allgemein gehalten sein und lediglich „Erschließen, interpretieren und beurteilen Sie die Quelle!" lauten, sollten Sie den Text auch selbstständig bearbeiten können.
Weil die Erschließung schriftlicher Quellen im Rahmen einer Abiturklausur systematisch erfolgen sollte, ist es nützlich, sich zunächst an einer Übersicht über die Hauptfaktoren bei der Entstehung schriftlicher Quellen zu orientieren:

Autor	Quelle	Adressat
– soziokultureller Hintergrund	– Textart	– Privatperson
– Amt	– Zeit und Ort	– Öffentlichkeit
– Person	– Aufbau	– Machthaber
– Standort	– Leitgedanken	– Nachwelt
– Perspektive	– Schlüsselbegriffe	– Institution

Stellen Sie sich folgende Erschließungsfragen:

Zum **Autor**: Was für eine Persönlichkeit war er? Welche Stellung hatte er in seiner Zeit? In welchem Verhältnis zum Geschehen stand er? Von welcher Weltanschauung aus sieht er die Ereignisse, beurteilt er den Sachverhalt?

Zur **Quelle**: Welche Form wählt der Autor für seine Mitteilung? Rede, Brief, Kommentar, Pamphlet, Erlass, Gedicht? Welche Schlüsselbegriffe fallen ins Auge? Welche Sprachform herrscht vor: Sachstil, Subjektivität, Überredungsgestus? Auffällige Stilmerkmale wie Bildlichkeit, Abstraktheit, verhüllte Rede, Andeutungsstil? Welche Interessen werden erkennbar, welche insgeheim verfolgt? Wem nützt die Argumentation, wem schadet sie?

Zum **Adressaten**: An wen wendet sich der Autor ganz offen, wer ist der heimliche Adressat? Mit wem geht er Bündnisse ein, gegen wen richtet er sich?

Bei der Erarbeitung der Lösung der Aufgabe sollten Sie einen Dreischritt vollziehen:
1. Festhalten eines vorläufigen Verständnisses
2. Überprüfen des vorläufigen Verständnisses durch methodisches Durcharbeiten des Textes
3. Niederschrift der Ergebnisse in sprachlich klarer Form

Erschließungsregeln

Im Einzelnen geht es um folgende **Schritte zur Erschließung schriftlicher Quellen**:
1. Vorläufiges Verständnis
   a) mehrmaliges Durchlesen des Textes
   b) Hervorheben von Kernbegriffen / Daten / Namen / Funktionen etc.
   c) Notizen zum vorläufigen Verständnis
2. Text-Analyse als Überprüfung des vorläufigen Verständnisses
   a) Herausstellen leitender Gesichtspunkte durch Aufbaubeschreibung
   b) Zusammenstellen historischer Bezüge in der Quelle
   c) Zusammenstellen historischer Bezüge im Umfeld der Quelle
   d) Spezifik des Mediums
   e) Formulierung von Hypothesen zur Quelle (Thema, historischer Ort, Bezüge, Intention)
   f) Überprüfung der Hypothesen an Quellendetails
3. Methodik der Niederschrift
   a) Basissatz zur Quelle (Bestimmung von Autor und Adressat, Ort, Zeit, Sachverhalt, Textsorte und Intention)
   b) Systematische Abhandlung in Thesenstruktur: Behauptung und Beweis mit Textbelegen
      – Aufbaubeschreibung (Argumentationsgang)
      – Belege für Behauptungen an Aussagen, Stilmitteln etc. der Quelle
   c) Orientierung an den Aufgabenstellungen (Arbeitsanweisungen)

Normalerweise enthebt Sie die kleinschrittige Aufgabenstellung in der Abituraufgabe von der Notwendigkeit, alle diese Schritte selbst zu gehen. Sie werden meist durch die Aufgabe geführt. Bei umfangreicheren Teilaufgaben aber ist es hilfreich, auf diese Systematik zurückzugreifen.

Zusammenfassung der Gesichtspunkte für die Interpretation historischer Texte

Vorbemerkung:
Die nachfolgenden Gesichtspunkte müssen dem jeweiligen Text angepasst werden und sind daher nicht an die vorliegende Reihenfolge gebunden.

Allgemeine Hinweise
Lesen Sie den Text mehrfach.
Unterstreichen Sie Leit- und Kernbegriffe, fassen Sie den ersten Eindruck von Inhalt und Problematik thesenartig zusammen.
Unterstreichen Sie alsdann in den einzelnen Abschnitten die sinntragenden Stellen, machen Sie sich jeweils über den Inhalt eine Kurznotiz.
Wahren Sie engen Bezug zum Text durch Zeilenangaben und Zitate (direkt, indirekt).

A. Ausgangspunkt: Quellentext
Notwendige äußere Daten:
   Autor, Textart
   Empfänger, Adressat
   Entstehungssituation: Zeit, Ort
Andeutung der zentralen Problematik, des Kerngedankens oder -geschehens

B. Das historische Umfeld

Anbindung an den Quellentext unter besonderer Berücksichtigung

– der textbezogenen Teil- oder Bezugsfelder

z. B. bestimmende Persönlichkeiten, Wertvorstellungen (Recht, Kultur), Wirtschaft, gesellschaftliche Gruppen, Innen- und Außenpolitik

– des Autors

sein politisch-ideologischer Standort, Absichten, Verhältnis zur Wahrheit und politischen Realität, Ziele, Tendenzen, Motive, Interessen (unter Berücksichtigung der Zeitgebundenheit)

– des Empfängers, Adressaten

sein politisch-ideologischer Standort

seine Erwartungen, die von ihm erhoffte Reaktion und sein tatsächliches Verhalten

C. Textbetrachtung/Textanalyse

1. Textart und die ihr angemessene Funktion, Aussageweise und Stimmungslage

a) Primärtexte: z. B. Brief, Rede, Tagebuch, Vertrag

Sekundärtexte: wissenschaftliche Untersuchungen

2. Textsprache

a) Sachsprache: nüchtern, sachlich, informativ

Wortbestand: Fachausdruck, Schlüsselwort

b) Meinungs- oder Propagandasprache: appellativ, emotional

Wortbestand: Schlagwort, Imperative

c) Rhetorik: Sprachbilder, Vergleiche, Metaphern, Wiederholungen, paralleler Satzbau

D. Textaussagen

1. Erfassung der wichtigsten Textaussagen

a) gedanklicher Aufbau und Zusammenhang der Quellen

Leit- und Entwicklungslinien,

Abschnitte, Gedankenschritte

b) Gedankenführung: informativ, argumentativ, reflektierend, linear, zielgerichtet, sprunghaft, widersprüchlich, überzeugend

c) Erklärung der Leit- und Schlüsselbegriffe

2. Auswertung der wichtigsten Textaussagen

a) Berücksichtigung der kategorialen Gesichtspunkte: Zeit, Ort, Dauer, Art, Ursache, Folge, Ziel

b) Problem- und Fragestellungen

e) Überprüfung, Wertung und Beurteilung von Ereignissen und Sachverhalten, von Sinndeutungen und Widersprüchen

3. Persönliche Kommentierung und Stellungnahme unter Berücksichtigung der Zeitgebundenheit

E. Fazit/Ergebnis der Textanalyse

Wertung des Textes im Rahmen der Aufgabenstellung, Rückblick, Bilanz, Ausblick

Anmerkung: Vor allem im Erkennen und Darstellen von Zusammenhängen und Entwicklungslinien, im Werten und Urteilen liegt die eigentliche Schülerleistung.

(Klausurentraining Geschichte. Cornelsen: Berlin 1992)

2 Anleitung zum Erschließen schriftlicher Quellen

2.1 Erschließen meinungsbildender Texte

2.1.1 Erschließen meinungsbildender Texte I: Brief/Reden

Themenbereich: Liberalismus, Demokratie und Nationalstaat im 19. Jahrhundert

1. *Erarbeiten Sie anhand der Texte die unterschiedlichen ordnungspolitischen Vorstellungen der beiden Verfasser. (10 BE)*

2.1 *Ordnen Sie die unterschiedlichen Haltungen dem jeweiligen Zeithintergrund zu.*

2.2 *Erklären Sie die geistesgeschichtlichen und historisch-politischen Grundpositionen, die im Denken der beiden Autoren erkennbar sind. (20 BE)*

3. *Beurteilen Sie die beiden Texte als historische Quellen: Berücksichtigen Sie dabei Textsorte, Adressaten und Verfasserintention. (10 BE)*

4. *Überprüfen Sie, inwieweit die Revolution von 1848/49 die Hoffnungen von Metternich und Wirth erfüllte bzw. enttäuschte. (10 BE)*

5. *„Der Liberalismus muss regierungsfähig werden. [...] muss [...] statt als Opposition ein Unbegrenztes zu fordern, als Regierung ein Geringes tun." (Hermann Baumgarten, Der deutsche Liberalismus. Eine Selbstkritik, Karlsruhe, Oktober 1866)*

   Erläutern Sie Ursachen und Folgen des Gesinnungswandels, der sich bei Männern wie Baumgarten im Verhältnis zur Haltung Wirths vollzogen hat. (10 BE)

Text A

Metternich an den badischen Gesandten am österreichischen Hof über die deutsche Politik, am 4. Mai 1820

Die Zeit rückt unter Stürmen vorwärts; ihren Ungestüm aufhalten zu wollen, würde vergebliches Bemühen sein. Festigkeit, Mäßigung und endlich Vereinigung in wohlbe-
5 rechneten Kräften, dies allein bleibt der Macht der Beschützer und den Freunden der Ordnung übrig. [...] Dazu müssen sich daher die Anstrengungen eines jeden vereinigen, sowie die Maßregeln aller derjenigen, die ein
10 und derselbe Grundsatz, ein und dasselbe Interesse miteinander verbinden. [...] Nichts beweist mehr die Unmöglichkeit, die Parteien zu befriedigen als die Bemerkung, dass die tätigsten Umtriebe gerade in dem Staate stattgefunden haben, wo man die 15 meiste Nachgiebigkeit gegen ihre vermessenen Wünsche an den Tag gelegt hat.
Das Übel war vor dem Kongresse zu Karlsbad zu einem solchen Grade gediehen, dass es nur einer unbedeutenden politischen Ver- 20 wicklung bedurft hätte, um die gesellschaftliche Ordnung völlig umzustürzen. Die Weisheit des Systems, welches die großen Mächte annahmen, hat uns vor dieser Gefahr ge-

25 schützt, die selbst noch im gegenwärtigen
Augenblick tödlich sein könnte.
Um also auf eine glücklichere Zukunft hinzu-
arbeiten, muss man wenigstens der Gegenwart gewiss sein; die Erhaltung dessen, was
30 besteht, muss folglich die erste und wichtigste aller Sorgen sein. Darunter verstehen wir
nicht nur die alte Ordnung der Dinge, soweit
sie in einigen Ländern seit jeher geschont
blieb, sondern auch alle neuen gesetzlich ge-
35 schaffenen Institutionen. […] In den gegenwärtigen Zeiten ist der Übergang vom Alten
zum Neuen mit ebenso viel Gefahr verbun-
den als die Rückkehr vom Neuen zu dem, was
nicht mehr vorhanden ist. Beides kann
40 gleichmäßig den Ausbruch von Unruhen
herbeiführen, was um jeden Preis zu vermeiden wesentlich ist.
Auf keine Weise von der bestehenden Ordnung, welchen Ursprunges sie auch sei, abzu-
45 weichen, Veränderungen, wenn sie durchaus
nötig scheinen, nur mit völliger Freiheit und
nach reiflich überlegtem Entschluss vorzu-
nehmen; dies ist die erste Pflicht einer Regierung, die dem Unglücke des Jahrhunderts wi-
50 derstehen will. Ein solcher Entschluss, wie
gerecht und natürlich er auch sein möge,
wird allerdings hartnäckige Kämpfe verursa-
chen. […]
Zwei große Rettungsmittel sind gegenwärtig
55 jeder Regierung zugesichert, die im Gefühl
ihrer Würde und ihrer Pflicht, nicht entschlossen ist, sich selbst zugrunde zu richten.
Das eine dieser Mittel beruht auf der befriedi-
genden Überzeugung, dass unter den eu-
60 ropäischen Mächten durchaus kein Missver-
ständnis obwalte, und dass man nach den
unveränderlichen Grundsätzen der Monarchie auch keines voraussehen könne. Diese

„Klemens Lothar Wenzel Fürst von Metternich"
(1773–1859): Ölgemälde von Thomas Lawrence 1818
(Wien, Bundeskanzleramt)

über jeden Zweifel erhabene Tatsache befes-
tigt und verbürgt unsere Lage und unsere 65
Kraft. Das andere Mittel ist die im Laufe der
letzten neun Monate gebildete Vereinigung,
eine Vereinigung, die mit Gottes Hilfe durch
Festigkeit und Treue unauflösbar werden
wird.   70

*(Aus Metternichs nachgelassenen Papieren,
hrsg. von dem Sohne des Staatskanzlers, Fürsten
Richard Metternich-Winneburg. Geordnet und
zusammengestellt von A. v. Klinkowström.
Band III, 2. Theil: Friedens-Aera 1816–1848.
Wien 1881, S. 372 ff.)*

Text B

Aus der Festrede des Publizisten Johann Georg August Wirth, gehalten am 27. Mai 1832 auf dem Hambacher Fest

Die Hauptmacht dieses finsteren Bundes besteht immer aus deutschen Kräften, da Russland ohne die Allianz mit Preußen und Österreich ohnmächtig wäre und durch innere
5 Stürme in Zerrüttung fallen würde. So riesenhaft daher die Macht des absoluten Bundes auch sein mag, so ist ihr Ende doch in dem Augenblicke gekommen, wo in Deutschland die Vernunft auch in politischer Beziehung
10 den Sieg erlangt, d. h. in dem Augenblicke, wo die öffentlichen Angelegenheiten nicht mehr nach dem despotischen Willen eines Einzigen, nicht mehr nach den Interessen einer über ganz Europa verzweigten Aristokraten-Familie, sondern nach dem Willen der
15 Gesellschaft selbst und nach den Bedürfnissen des Volkes geleitet werden. In dem Augenblicke, wo die deutsche Volkshoheit in ihr gutes Recht eingesetzt sein wird, in dem
20 Augenblicke ist der innigste Völkerbund geschlossen, denn das Volk liebt, wo die Könige hassen, das Volk verteidigt, wo die Könige verfolgen, das Volk gönnt das, was es selbst mit seinem Herzblut zu erringen trachtet,
25 und, was ihm das Teuerste ist, die Freiheit, Aufklärung, Nationalität und Volkshoheit, auch dem Brudervolke: Das deutsche Volk gönnt daher diese hohen, unschätzbaren Güter auch seinen Brüdern in Polen, Ungarn,
30 Italien und Spanien. Wenn also das deutsche Geld und das deutsche Blut nicht mehr den Befehlen der Herzoge von Österreich und der Kurfürsten von Brandenburg, sondern der Verfügung des Volkes unterworfen sind, so
35 wird Polen, Ungarn und Italien frei, weil Russland dann der Ohnmacht verfallen ist und sonst keine Macht mehr besteht, welche zu einem Kreuzzug gegen die Freiheit der Völker verwendet werden könnte. Der Wieder-

herstellung des alten, mächtigen Polens, des 40 reichen Ungarns und des blühenden Italiens folgt von selbst die Befreiung Spaniens und Portugals und der Sturz des unnatürlichen englischen Übergewichts. Europa ist wiedergeboren und auf breiten natürlichen Grund- 45 lagen dauerhaft organisiert. Freiheit des Welthandels ist die köstliche materielle Frucht und unaufhaltsames Fortschreiten der Zivilisation der außer jeder Berechnung liegende geistige Gewinn eines solchen Welt- 50 ereignisses. [...] Von Frankreich haben wir daher in dem Kampfe um unser Vaterland wenig oder gar keine Hilfe zu erwarten. Denn, dass wir um den Preis einer neuen Entehrung, nämlich der Abtretung des linken 55 Rheinufers an Frankreich, selbst die Freiheit nicht erkaufen wollen, dass vielmehr bei jedem Versuche Frankreichs, nur einen Schollen deutschen Bodens zu erobern, auf der Stelle alle Opposition im Innern schweigen 60 und ganz Deutschland gegen Frankreich sich erheben müsste und werde, dass die Befreiung unseres Vaterlandes vielmehr umgekehrt die Wiedervereinigung von Elsass und Lothringen mit Deutschland wahrscheinli- 65 cherweise zur Folge haben werde, über alles dies kann unter Deutschen nur eine Stimme herrschen. [...] Selbst die Freiheit darf auf Kosten der Integrität unseres Gebietes nicht erkauft werden; der Kampf um unser Vater- 70 land und unsere Freiheit muss ohne fremde Einmischung durch unsere eigene Kraft von innen heraus geführt werden.[...]

(Zit. nach: Fredy Köster, Die Rede von Johann Georg August Wirth auf dem Hambacher Fest, in: Geschichte in Wissenschaft und Unterricht, Heft 5, 1982, S. 297 ff.)

Aufgabenstellung verstehen

Die vorliegende Aufgabe wurde Anfang der 1980er-Jahre in einem Leistungskursabitur gestellt. Es handelt sich um eine umfangreiche und detaillierte Aufgabe, die für unsere Übungszwecke den Vorteil besitzt, zwei Textsorten exemplarisch behandeln zu können und gleichzeitig den Stoff „Liberalismus im Deutschland des 19. Jahrhunderts" zu wiederholen.

● *Setzen Sie sich zunächst mit der Aufgabenstellung auseinander und versuchen Sie anhand der Satzaussagen den Anforderungsbereich der jeweiligen Aufgabe zu bestimmen.*

1.	Erarbeiten	– Anforderungsbereich	I	10 BE
2.1	Zuordnen	– Anforderungsbereich	I + II	10 BE
2.2	Erklären	– Anforderungsbereich	II	10 BE
3.	Beurteilen	– Anforderungsbereich	III	10 BE
4.	Überprüfen	– Anforderungsbereich	III	10 BE
5.	Erläutern	– Anforderungsbereich	I	10 BE

Der Zug der 30 000 Oppositionellen zum Hambacher Schloss am 27. Mai 1832. Anonymer kolorierter Kupferstich der 1830er-Jahre

Brief/Rede

● *Unterstreichen Sie nun die Kernbegriffe in den Einzelaufgaben:*

Ⓛ⋯⋯ 1.   ordnungspolitische Vorstellungen
        2.1 unterschiedliche Haltungen und Zeithintergrund
        2.2 geistesgeschichtliche und historisch-politische Grundpositionen
        3.   Textsorte, Adressat, Verfasserintention
        4.   Revolution von 1848/49 und Hoffnungen Metternichs bzw. Wirths
        5.   Gesinnungswandel (regierungsfähig!) im Liberalismus nach 1866 – Ursachen und Folgen

● *Lesen Sie die beiden Texte aufmerksam durch und halten Sie Ihren ersten Eindruck schriftlich fest.*

Ⓛ⋯⋯ Ihre erste Notiz könnte lauten:
      Text A
      vorsichtige bis ängstliche Argumentation des einflussreichsten Politikers seiner Zeit in einem
      Brief an einen Nahestehenden
      Text B
      forsche, rhetorisch schwarz-weiß-malende Rede von einem festen politischen Standpunkt aus an
      ein gleichgesinntes Publikum

(**Lösungsschritte**)

Zu Aufgabe 1.

● *Lesen Sie die beiden Texte nochmals und unterstreichen Sie dabei alle Stellen zu „ordnungspolitischen Vorstellungen" in den Texten A und B.*

Ⓛ⋯⋯ Text A
      – die Erhaltung dessen, was besteht, muss [...] die erste und wichtigste aller Sorgen sein
      – nicht nur die alte Ordnung der Dinge, [...] sondern auch alle neuen gesetzlich geschaffenen
        Institutionen.
      – Unruhen [...] um jeden Preis zu vermeiden
      – Auf keine Weise von der bestehenden Ordnung, welchen Ursprunges sie auch sei, abzuwei-
        chen, Veränderungen, wenn sie durchaus nötig scheinen, nur mit völliger Freiheit und nach
        reiflich überlegtem Entschluss vorzunehmen
      – unveränderlichen Grundsätzen der Monarchie
      – eine Vereinigung, die mit Gottes Hilfe durch Festigkeit und Treue unauflösbar werden wird

      Text B
      – Vernunft auch in politischer Beziehung den Sieg erlangt
      – nicht mehr nach dem despotischen Willen eines Einzigen, nicht mehr nach den Interessen
        einer über ganz Europa verzweigten Aristokraten-Familie
      – nach dem Willen der Gesellschaft selbst und nach den Bedürfnissen des Volkes
      – die deutsche Volkshoheit in ihr gutes Recht eingesetzt sein wird
      – der innigste Völkerbund
      – das Volk liebt, wo die Könige hassen, das Volk verteidigt, wo die Könige verfolgen

Ⓛ   – das Teuerste ist, die Freiheit, Aufklärung, Nationalität und Volkshoheit, auch dem Brudervolke
    – das deutsche Geld und das deutsche Blut […] der Verfügung des Volkes unterworfen
    – Polen, Ungarn und Italien frei
    – Der Wiederherstellung des alten, mächtigen Polens, des reichen Ungarns und des blühenden
      Italiens folgt von selbst die Befreiung Spaniens und Portugals und der Sturz des unnatürlichen
      englischen Übergewichts
    – Europa ist wiedergeboren
    – Freiheit des Welthandels
    – die Befreiung unseres Vaterlandes
    – die Wiedervereinigung von Elsass und Lothringen mit Deutschland
    – Selbst die Freiheit darf auf Kosten der Integrität unseres Gebietes nicht erkauft werden
    – unsere Freiheit muss ohne fremde Einmischung durch unsere eigene Kraft von innen heraus
      geführt werden

● *Fassen Sie auf der Grundlage Ihrer Unterstreichungen die ordnungspolitischen Vorstellungen von Met-*
   ternich einerseits und von Wirth andererseits mit eigenen Worten möglichst systematisch zusammen.

Ⓛ   Ihre Darstellung könnte nach Zielen und Mitteln gegliedert sein und folgende Punkte enthalten:

    Ordnungspolitische Vorstellungen Metternichs
    Ziele:
    – Aufrechterhaltung der bestehenden Ordnung, gleich welcher Herkunft, einschließlich der
      neuen gesetzlich geschaffenen Institutionen
    – Durchführung von Veränderungen überhaupt nur nach freier und reiflicher Überlegung
      (Übergang vom Alten zum Neuen mit ebenso viel Gefahr verbunden, wie die Rückkehr vom
      Neuen zum Alten)
    – Vermeidung von Unruhen um jeden Preis, auch unter Inkaufnahme hartnäckiger Kämpfe;
    – keine Nachgiebigkeit gegenüber den „Parteien", da diese deren „Umtriebe" zum Sturz der ge-
      sellschaftlichen Ordnung födert
    Mittel:
    – Vereinigung aller Kräfte gleichen Interesses auf monarchischer Basis
    – gemeinsames Vorgehen der deutschen Bundesstaaten seit dem Kongress von Karlsbad

Ⓛ   Ordnungspolitische Vorstellungen Wirths:
    Ziele:
    – Sieg der politischen Vernunft in Deutschland
    – Ende der Heiligen Allianz, auf der die despotischen Kräfte Preußens und Österreichs beruhen
    – Verwirklichung des Willens des Volkes nach den Prinzipien der Freiheit, Aufklärung, National-
      staatlichkeit und Volkssouveränität statt nach dynastischen Interessen
    – Verbreitung dieser politischen Grundsätze auch bei den europäischen Nachbarvölkern,
      Bildung eines freiheitlichen Völkerbundes in Europa
    – Vereinigung des Elsass und Lothringens mit Deutschland
    – Freiheit des Welthandels
    Mittel:
    – eigene Kraft von innen
    – keine Hilfe von Frankreich wegen Forderung des linken Rheinufers

Aufgabe 2.1

⬤ *Bestimmen Sie den Zeitrahmen für den Metternich-Brief und seine Gültigkeit, analog dazu den Zeitrahmen für die Wirth-Rede und ihre Gültigkeit.*

Ⓛ Der Metternich-Brief stammt von 1820, bezieht sich auf die 1815 auf dem Wiener Kongress geschaffene Staatenordnung in Europa und die auf den anschließenden Kongressen durch die Heilige Allianz und die Zusammenarbeit Preußens mit Österreich im Deutschen Bund geschaffene Innenpolitik, die von Metternich bestimmt wurde und im Wesentlichen bis 1848 Bestand hatte.

Die Wirth-Rede auf dem Hambacher-Fest repräsentiert die Position der Demokraten und Linksliberalen im Deutschland nach der Juli-Revolution von 1830, die vergeblich gegen das System Metternich antrat und bis 1848 vorzufinden war.

⬤ *Stellen Sie Metternichs politische Vorstellungen in den Zusammenhang der Politik des Deutschen Bundes und der Heiligen Allianz zwischen 1815 und 1820 sowie nach 1830.*

Ⓛ Ihre Lösung sollte etwa folgende Punkte enthalten:

Zeithintergrund von Text A (Metternich):
– Forderungen der Teilnehmer der Befreiungskriege: politische Einheit Deutschlands, Abschaffung der Privilegien, Meinungsfreiheit, Gesetzgebung durch Volksvertretung
– Enttäuschung durch Ergebnisse des Wiener Kongresses (keine Freiheitsgarantien in einer Verfassung, keine Nationalrepräsentation und keine nationalstaatliche Einheit für Deutschland)
– Infragestellung der monarchisch-restaurativen Ordnung durch die deutschen liberalen und nationalen Bewegungen: Radikalisierung in den Burschenschaften ab 1815
– Wartburgfest 1817 (Verbrennung der Bundesakte und reaktionärer Symbole)
– Ermordung Kotzebues 1819 als Verräter an den Zielen Einheit und Freiheit
– Reaktion des Deutschen Bundes in den Karlsbader Beschlüssen 1819: Aufhebung der Burschenschaften, Verbot der Farben Schwarz-Rot-Gold, Pressezensur, Überwachung der Universitäten, Demagogenverfolgungen.
Zeithintergrund von Text B (Wirth):
– Niederhaltung der nationalen, liberalen Kräfte 1820–1830
– nach der Juli-Revolution in Frankreich 1830: Vertreibung der Bourbonen, Übergang zur parlamentarischen Monarchie in Frankreich; Verfassungen in Braunschweig, Hannover, Königreich Sachsen; Verfassung im 1831 gegründeten Königreich Belgien
– polnischer Aufstand 1830/31, seine Niederwerfung durch Russland
– Hambacher Fest 1932: Massenkundgebung mit radikaldemokratischen Forderungen
– Frankfurter Wachensturm 1833 mit Reaktion des Deutschen Bundes: 60 Artikel von Wien 1834, Verbot des Jungen Deutschland 1835, Entlassung der Göttinger Sieben 1837

Aufgabe 2.2

⬤ *Ordnen Sie aufgrund Ihrer Zusammenstellung in Aufgabe 1 die Position Metternichs und Wirths einer Grundposition im Spektrum der politischen und staatsphilosophischen Richtungen zu.*

Ⓛ······ Metternich: Konservativismus, Restauration, Reaktion
       Wirth: Liberalismus, Nationalismus, Demokratie, Republik

● *Erklären Sie nun die geistesgeschichtlichen und politischen Grundpositionen von Metternich und Wirth. Achten Sie dabei darauf, nicht die Stellensammlung aus Aufgabe 1 zu wiederholen, sondern das Grundsätzliche dabei herauszustellen und, wo immer möglich, Fachbegriffe der Staatsphilosophie zu verwenden.*

Ⓛ······ Metternich: Konservativismus, monarchisches Prinzip, Absolutismus
    – Obrigkeitsstaatliche Patriarchalik des (aufgeklärten) Absolutismus (Hallers „Restauration der Staatswissenschaften" 1816)
    – Fürstensouveränität (statt Volkssouveränität oder Herrschaftspartizipation über Nationalrepräsentation bzw. Parlament)
    – Legitimitätsprinzip (Begründung von Herrschaft auf altes Recht: Gottesgnadentum)
    – Bewahrung der dynastisch-ständischen Gesellschaftsordnung
    – übernationales Prinzip der Herrschaftssicherung: Solidarität der Throne in Europa
    – Erhaltung von Ordnung und Frieden durch das Prinzip des Gleichgewichts

    Wirth: Liberalismus, Nationalismus, Demokratie
    – Tradition der politischen Aufklärung: rationale Herrschaftsbegründung, Theorie des Gesellschaftsvertrages und der Volkssouveränität (Staatslehre Rousseaus)
    – Theorie der Nation nach Vorbild der Franz. Revolution, der Befreiungskriege, Herders, Fichtes
    – Aufklärungsoptimismus und -rationalismus: Vertrauen auf die Vernunft als Quelle der Sittlichkeit, optimistisches Menschenbild, Freiheitspathos, Völkergemeinschaft
    – radikale nationale und demokratische Forderungen: Entmachtung der Dynastien, Abschaffung der Monarchien; Zerstörung des europäischen Reaktionssystems durch Schaffung von freiheitlichen Nationalstaaten; Errichtung von Republiken auf der Basis der Volkssouveränität.

Aufgabe 3

Die Aufgabe gibt Ihnen bereits die wichtigsten Schritte zu ihrer Lösung vor: Untersuchung von Textsorte, Adressaten und Verfasserintention. Sie sollten aber nicht versäumen zusammenzustellen, was Sie auch über die Autoren wissen. Mit diesen Vorarbeiten können Sie dann zusammenfassen, was Sie über die Texte als historische Quellen sagen können.

● *Stellen Sie nun zusammen, was Sie über Autor, Textsorte, Adressaten und Verfasserintention in den Texten A und B herausfinden können.*

Ⓛ······ Text A
    Autor: Fürst von Metternich, hochadlige Person, als Außenminister (seit 1809) wichtigster Politiker in Österreich und im Deutschen Bund; hoch gebildet, weitsichtig, konservativ; Politikziel: Eindämmung der revolutionären Bewegungen in Europa nach 1815
    Textsorte: diplomatischer Brief eines Regierenden zur Analyse der Zeitverhältnisse und Festlegung der politischen Leitlinien für Gegenwart und Zukunft nach den Karlsbader Beschlüssen von 1819

Brief/Rede

(L)
                        – Stil: kühl-analytisch, logisch-folgernd, abwägende Argumentation, zurückhaltend im
                            Ton, bestimmt in der Haltung
        Adressat: Gesandter des Großherzogtums Baden am Hof des österreichischen Kaisers (= Vorsit-
                        zender des Deutschen Bundes) in Wien, als solcher Vermittler der Politik Badens im
                        Deutschen Bund
        Intention: – Klärung der Position Österreichs im Deutschen Bund und in Europas Politik (Politik
                            der Kongresse!)
                        – Werben für Metternichs Politik bei einem Mitglied des Deutschen Bundes in einem
                            nicht für die Allgemeinheit bestimmten Schreiben
        Text B
        Autor: Journalist, bürgerlicher Privatmann, d. h. ohne öffentliches Amt
                        Demokrat, temperamentvoller Redner
        Textsorte: – öffentliche Rede vor einem Massenpublikum
                        – politisch revolutionäres Programm gegen Deutschen Bund, gegen Heilige Allianz,
                            gegen Politik und System Metternichs
                        – rhetorisch zugespitzter Appell zur Durchsetzung seines Programms
                        – Aufruf zur Durchsetzung von Demokratie und Republik in Deutschland.
        Adressat: 20–30 000 Liberale, Nationalisten, Demokraten, Republikaner, die 1832 zur Schloss-
                        ruine Hambach in der bayerischen Pfalz gezogen waren, um für einen liberalen deut-
                        schen Nationalstaat zu demonstrieren
        Intention: Durchsetzung demokratisch-revolutionärer Prinzipien mithilfe einer gleichgesinnten
                        Masse

        Ihr Fazit zum Quellenwert der beiden Texte könnte demgemäß lauten:

        Metternichs diplomatischer Brief will auf einen Entscheidungsträger im Deutschen Bund wirken
        und gibt uns Nachgeborenen Einblick in seine Sicht der Zeitverhältnisse, sein Programm und sei-
        ne Pläne: das restaurative Konzept des Systems Metternich.
        Wirths öffentliche Rede will ein Massenpublikum für sein revolutionäres demokratisches Pro-
        gramm gewinnen, ist rhetorisch zugespitzt, verleiht uns aber mit seiner Forderung einer demo-
        kratischen deutschen Republik Einblick in eine Minderheitenposition des Vormärz.

Aufgabe 4

*Notieren Sie sich nochmals die Kernziele Metternichs und Wirths. Durchsuchen Sie dann Ihre Kenntnis-
se der Revolution von 1848/49 nach Entsprechungen. Beachten Sie dabei, dass die Aufgabe nicht nur das
Jahr 1848 nennt, sondern auch 1849, also die Zeit nach der Revolution.*

(L)
        Metternich: Legitimität, Solidarität der Throne, antirevolutionäres Programm
        Wirth: Revolution, Demokratie, Republik

Ⓛ······ Im Zusammenhang mit der Überprüfung erfüllter bzw. enttäuschter Hoffnungen durch Verlauf und Ergebnis der Revolution von 1848/49 sollten Sie eingehen auf

- den Ausbruch der Revolution in Wien (nur Versprechen einer Verfassung) und Berlin (Verfassung und Parlament versprochen), aber kein Sturz der Monarchien
- die Grundrechts- und Verfassungsdiskussion in der Frankfurter Paulskirche (Großdeutsche-Kleindeutsche; Föderalisten-Unitarier; parlamentarische Demokratie – konstitutionelle Monarchie): Demokraten und Republikaner extreme Minderheiten
- den Verfassungsentwurf und das Scheitern der Revolution am wiedererstarkten Österreich und Preußen;
- das Ergebnis der Revolution (Wiederherstellung des Deutschen Bundes unter Führung Österreichs, Zurückweisung der Unionspläne Preußens durch Österreich): Dynastien setzen sich durch (Verbot liberaler und demokratischer Vereine), aber Parlamente und Verfassungen in den Einzelstaaten begrenzen ihre Macht.

Aufgabe 5

● *Arbeiten Sie aus dem Zitat die Kernaussage für den Liberalismus heraus.*

Ⓛ······ Statt idealistische und unerfüllbare Forderungen in der Ohnmacht der politischen Opposition zu stellen, ohne irgendeine Chance auf praktischer Umsetzung, soll der Liberalismus darauf hinwirken, in einer Regierungsbeteiligung wenigstens kleine Schritte liberaler Politik zu verwirklichen.

● *Bestimmen Sie jetzt die Ursachen und die Folgen dieser Neuorientierung liberaler Politik nach 1850.*

Ⓛ······ Ausgehend von den in der Paulskirche durchdachten politischen Programmen und der Erfahrung über deren Durchsetzungsmöglichkeit im konkreten politischen Kräftefeld sollten Sie eingehen auf
- die Abkehr von revolutionär-demokratischen Vorstellungen und die Hinwendung der Liberalen zur Realpolitik: Oppositionspolitik im Rahmen der oktroyierten Verfassung in Preußen, Haltung der liberalen Fortschrittspartei im preußischen Verfassungskonflikt
- die Spaltung der großen liberalen Bewegung wegen der Indemnitätsvorlage nach den erfolgreichen Einigungskriege 1864–1866: liberale Minderheit, die den Rechtsbruch nicht hinnehmen will, nationalliberale Mehrheit, die der nationalen Einigung Deutschlands gegenüber dem Ideal der Freiheit den Vorzug gibt
- die Gründung der Nationalliberalen Partei 1867, ihre Zusammenarbeit mit Bismarck zur nationalstaatlichen Machtentfaltung und der monarchisch-autoritären Herrschaftsform
- Verwirklichung der liberalen Wirtschaftspolitik Bismarcks bis zu ihrem Scheitern an der Schutzzollfrage
- die zunehmende Unterordnung liberaler Grundsätze unter die Bedingungen und Erfolge der Machtpolitik

2.1.2   Erschließen meinungsbildender Texte II: Denkschrift

Themenbereich: Internationale Politik im 20. Jahrhundert

1. *Stellen Sie aus Lloyd Georges Denkschrift die Prinzipien eines Friedensvertrages mit Deutschland zusammen, vergleichen Sie diese mit denen des Versailler Vertrages und erklären Sie die Interessen Englands, Frankreichs und der USA bei den Vertragsverhandlungen in Paris 1919.   (20 BE)*

2. *Erläutern Sie anhand der territorialen Bestimmungen des Versailler Vertrages und des Vertrages von St. Germain bzw. Trianon, was Lloyd George in Absatz III mit einer deutschen und magyarischen „Irredenta" meint, und nennen Sie die militärischen und wirtschaftlichen Hauptbestimmungen des Versailler Vertrages.   (12 BE)*

3. *Verfolgen Sie die Entwicklung der Außenpolitik von Frankreich, England, USA und Russland/UdSSR gegenüber dem Deutschen Reich anhand des Reparationsproblems von 1920–1933.   (12 BE)*

4. *Erörtern Sie anhand der Entstehung des Zweiten Weltkrieges Lloyd Georges These, die Schaffung deutscher Minderheiten in schwachen Nachbarstaaten sei der stärkste „Grund für einen künftigen Krieg". Beachten Sie dabei die NS-Außenpolitik.   (10 BE)*

5. *Beurteilen Sie den Text von Lloyd George als historische Quelle.   (6 BE)*

Clémenceau, Wilson und Lloyd George beim Verlassen des Schlosses von Versailles.

Aus David Lloyd Georges Denkschrift an Clemenceau und Wilson vom 25. März 1919, dem so genannten Fontainebleau-Memorandum

I. Wenn Völker von Kriegen erschöpft sind, in denen sie ihre ganze Kraft ausgegeben haben und aus denen sie ermüdet, blutend, zerbrochen hervorgehen, dann ist es nicht
5 schwer, einen Frieden zusammenzuflicken, der anhält, bis das Geschlecht, das die Gräuel des Krieges erfahren hat, hingegangen ist. Bilder des Heldentums und Triumphs sind nur denen eine Versuchung, die nichts von
10 den Leiden und Schrecken des Krieges wissen. Darum ist es verhältnismäßig leicht, einen Frieden zurechtzuflicken, der dreißig Jahre anhält.
Was aber schwer ist, das ist einen Frieden zu
15 entwerfen, der nicht zu einem neuen Kampf führt, sobald die, welche wirklich erfahren haben, was Krieg bedeutet, nicht mehr da sind.[…] Man mag Deutschland seiner Kolonien berauben, seine Rüstung auf eine bloße
20 Polizeitruppe und seine Flotte auf die Stärke einer Macht fünften Ranges herabdrücken; dennoch wird Deutschland zuletzt, wenn es das Gefühl hat, dass es im Frieden von 1919 ungerecht behandelt worden ist, Mittel finden, um seine Überwinder zur Rückerstattung zu zwingen. Der Eindruck, der tiefe Eindruck, den vier Jahre des beispiellosen Hinschlachtens auf die Herzen der Menschen gemacht haben, wird vergehen mit diesen
30 Herzen, in die er mit dem schrecklichen Schwert des großen Krieges geschlagen war. Die Erhaltung des Friedens wird dann davon abhängen, dass es keine Ursachen der Erbitterung gibt, von denen der Geist des Patrio-
35 tismus, der Gerechtigkeit, der Ehrlichkeit im Völkerspiel aufgestachelt wird. Um Vergütung zu erreichen, mögen unsere Bedingungen streng, sie mögen hart und sogar rücksichtslos sein, aber zugleich können sie so
40 gerecht sein, dass das Land, dem wir sie auferlegen, in seinem Innern fühlt, es habe kein Recht, sich zu beklagen. Aber Ungerechtigkeit und Anmaßung in der Stunde des Trium-

phes zur Schau getragen, werden niemals vergessen noch vergeben werden. 45
Aus diesen Gründen bin ich darum entschieden dem entgegen, dass mehr Deutsche aus deutscher Herrschaft unter die Herrschaft einer anderen Nation übertragen werden, als durchaus notwendig ist. Ich kann mir keinen 50 stärkeren Grund für einen künftigen Krieg denken, als dass das deutsche Volk, das sich sicherlich als einer der kraftvollsten und mächtigsten Stämme der Welt erwiesen hat, von einer Zahl kleiner Staaten umgeben wä- 55 re, von denen manche aus einer Bevölkerung bestünden, die niemals vorher eine standfeste Regierung für sich aufzurichten fähig waren, von denen aber jeder große Mengen von Deutschen enthielte, die nach Wiederverei- 60 nigung mit ihrem Heimatland begehrten. Der Vorschlag der polnischen Kommission, dass wir 2 100 000 Deutsche unter die Herrschaft eines Volkes stellen sollten, das eine andere Religion hat und das während seiner 65 ganzen Geschichte niemals seine Fähigkeit zu einer selbstgebildeten Regierung von Bestand zu beweisen vermochte, muss in meinen Augen früher oder später zu einem neuen Krieg im Osten Europas führen. Was ich 70 von den Deutschen gesagt habe, ist ebenso wahr von den Magyaren. Niemals wird Frieden in Südosteuropa sein, wenn jeder kleine Staat, der jetzt dort entsteht, eine große magyarische Irredenta in seinem Gebiet ha- 75 ben wird. Ich würde es deshalb als leitenden Grundsatz des Friedens nehmen, dass, soweit es menschenmöglich ist, die verschiedenen Volksstämme ihren Heimatländern zugeteilt werden, und dass dieses menschliche Kriteri- 80 um vorgehen soll den Erwägungen der Strategie oder der Wirtschaft oder der Verkehrswege, die gewöhnlich auch auf andere Weise in Ordnung gebracht werden können. Zweitens würde ich sagen, dass die Dauer der Re- 85 parationszahlungen enden sollte, wenn es

möglich ist, mit der Generation, die den Krieg herbeigeführt hat.

Aber es gibt eine Erwägung zugunsten eines

90 Friedens auf lange Sicht, die mich noch mehr beeinflusst als der Wunsch, keine Ursachen übrigzulassen, die nach dreißig Jahren einen neuen Ausbruch rechtfertigten. [...]

Die größte Gefahr, die ich in der gegenwärti-

95 gen Lage sehe, ist die, dass Deutschland sich mit dem Bolschewismus zusammentun und seine Hilfsmittel, seinen Verstand, seine breite Organisationskraft zur Verfügung der revolutionären Fanatiker stellen könnte, deren

100 Traum ist, die Welt mit Waffengewalt für den Bolschewismus zu erobern. [...]

Ich würde deshalb in den Vordergrund des Friedens die Versicherung stellen, dass wir Deutschland, sobald es unsere Bedingungen,

105 besonders den Schadensersatz, annimmt, wir ihm die Rohstoffe und die Märkte der Welt zu den gleichen Bedingungen, wie sie für uns selbst gelten, öffnen und alles mögliche tun wollen, um dem deutschen Volk zu helfen,

110 dass es wieder auf seine Füße kommt. Wir können nicht zugleich Deutschland verkrüppeln und erwarten, dass es uns bezahlt. [...]

II. Es genügt aber nicht, einen gerechten und weitsichtigen Frieden mit Deutschland zu entwerfen. [...] 115

Ich möchte die Frage stellen, weshalb Deutschland, wenn es die Bedingungen annimmt, die wir für recht und billig halten, nicht beim Völkerbund zugelassen werden soll, wenigstens, sobald es eine dauerhafte 120 und demokratische Regierung eingerichtet hat. Wäre das nicht ein Anreiz für Deutschland sowohl zur Unterzeichnung der Bedingungen als zum Widerstand gegen den Bolschewismus? Wäre es nicht sicherer, dass 125 Deutschland innerhalb der Liga stünde, statt dass es draußen bleibt?

(Klaus Schwabe [Hrsg.], Quellen zum Friedensschluss von Versailles, Darmstadt: Wissenschaftliche Buchgesellschaft 1997, S. 156 ff. [= Ausgewählte Quellen zur Geschichte der Neuzeit. Freiherr vom Stein-Gedächtnisausgabe. Band XXX])

Aufgabenstellung verstehen

● *Setzen Sie sich zunächst mit der Aufgabenstellung auseinander, bestimmen Sie den Anforderungsbereich der Aufgaben 1–5 und beachten Sie die erreichbaren Bewertungseinheiten (insgesamt 60 BE).*

Aufgabe 1	Zusammenstellen	Anforderungsbereich	I:	6 BE
	Vergleichen	Anforderungsbereich	III:	6 BE
	Erklären	Anforderungsbereich	II:	8 BE
Aufgabe 2	Erklären, nennen	Anforderungsbereich	I:	12 BE
Aufgabe 3	Darstellen	Anforderungsbereich	II:	12 BE
Aufgabe 4	Erörtern	Anforderungsbereich	III:	10 BE
Aufgabe 5	Beurteilen	Anforderungsbereich	III:	6 BE

● *Lesen Sie jetzt die Aufgaben genau und unterstreichen Sie dabei die Kernbegriffe.*

Aufgabe 1	Prinzipien eines Friedensvertrages mit Deutschland
	Prinzipien des Friedensvertrages von Versailles
	Interessen Englands, Frankreichs, der USA 1919

Ⓛ Aufgabe 2   Versailler Vertrag:
– Erklärung von Irredenta bei den Territorialbestimmungen
– militärische und wirtschaftliche Bestimmungen
Aufgabe 3   Entwicklung der Außenpolitik Frankreichs, Englands, der USA am Reparations-
problem
Aufgabe 4   deutsche Minderheiten in Nachkriegsstaaten als Kriegsgrund, NS-Außenpolitik
Aufgabe 5   Quellenbeurteilung

● *Lesen Sie den Quellentext aufmerksam durch. Halten Sie Ihren ersten Eindruck schriftlich fest.*

Ⓛ Sorgen eines der drei großen Verhandlungsführer bei den Pariser Verträgen, dass das Vertrags-
werk sein oberstes Ziel der Friedenssicherung verfehlen könnte; Versuch, die bisherigen Prinzipien der Vertragsgestaltung zu überdenken

Lösungsschritte

Aufgabe 1

● *Lesen sie den Quellentext nochmals sorgfältig und unterstreichen Sie dabei alle Stellen, die Prinzipien eines Friedenvertrages mit Deutschland berühren.*

Ⓛ Lloyd Georges Prinzipien eines Friedens mit Deutschland:
– Frieden von mehr als 30 Jahren Dauer, dazu nötig
• gerechte Behandlung zur Vermeidung von Racheplänen
• Vermeidung von Siegeranmaßung
• Vermeidung der Schaffung von deutschen Minderheiten in den neu zu gründenden Staaten
(Problem der Ostgrenzen)
• Begrenzung der Reparationen auf die Kriegsgeneration
– Anerkennung der Reparationen durch Deutschland und zugleich
– Vermeidung eines Siegs des Bolschewismus in Deutschland, dazu
• Öffnung des Weltmarktes für ein reparationswilliges Deutschland
• Hilfe zur wirtschaftlichen Gesundung Deutschlands
• Aufnahme des demokratischen Deutschland in den Völkerbund

● *Notieren Sie nun die Prinzipien, die Ihrer Kenntnis nach dem Versailler Vertrag zugrunde liegen.*

Ⓛ – Demütigung durch alleinige Kriegsschuld
– Internationale Isolation (Ausschluss vom Völkerbund)
– Schwächung Deutschlands wirtschaftlich, militärisch und politisch
– Abtrennung deutscher Gebiete und deutschsprachiger Bevölkerungsteile
– unbegrenzte Reparationsforderungen
– Abtrennung vom Weltmarkt (Vernichtung der Handelsflotte)

● *Untersuchen Sie Gemeinsamkeiten und Unterschiede im Versailler Vertrag und der Denkschrift von Lloyd George.*

Denkschrift

Ⓛ Gemeinsamkeiten:
- Anerkennung der deutschen Verantwortlichkeit für den Weltkrieg
- Verpflichtung Deutschlands zu Reparationen
- Verlust der Kolonien
- Entmilitarisierung Deutschlands zu Land und zu Wasser
- neue Staatenordnung in Europa

Unterschiede im Politischen bei Lloyd George (statt Versailler Vertrag):
- gerechte Behandlung Deutschlands als grundsätzlich gleichberechtigt
  (statt Schwächung der deutschen Regierung und Position)
- Aufnahme in den Völkerbund (statt internationale Isolation)
- Wahrung der nationalen Einheit der Deutschen bei der Grenzziehung
  (statt Schaffung deutscher Minderheiten in den neuen Staaten)
- Hilfe für ein demokratisches Deutschland (statt Ignorierung der demokratisch-republikani-
  schen Revolution)

Unterschiede im Wirtschaftlichen bei Lloyd George (statt Versailler Vertrag):
- Begrenzung der deutschen Reparationen nach Zeit und Umfang (statt zeitlich und in der Höhe
  unbegrenzten Reparationsforderungen)
- Öffnung des Weltmarktes für ein reparationswilliges Deutschland
  (statt Ausschluss vom Welthandel nach Verlust von 90 % der Handelsflotte)
- Hilfe für ein demokratisches Deutschland zur Erhaltung der Leistungsfähigkeit
  (statt Niederhaltung der deutschen Wirtschaftskraft auf Dauer)

● *Bestimmen Sie die englischen Interessen aus der Denkschrift und erschließen Sie die Interessen*
Frankreichs und der USA aus den Ergebnissen des Vertragswerkes.

Ⓛ Interessenlage der Alliierten 1919:
gemeinsam: Verpflichtung Deutschlands auf Reparationen und Erhaltung Deutschlands als
              Damm gegen den Bolschewismus
England: Rückzahlung der Kriegskredite an die USA, Erhaltung des europäischen Gleichge-
              wichts auch in neuer Staatenordnung
Frankreich: Rückzahlung der Kriegskredite an die USA, Erlangung einer politischen, militäri-
              schen und wirtschaftlichen Vormachtstellung in Europa, Absicherungen gegen den
              östlichen Nachbarn Deutschland
USA: Tilgung der Kriegskredite durch Frankreich und England, Friedenssicherung durch
              Völkerbund

ⓘ Das Irredenta-Problem sollte Ihnen aus der Nationalstaatsbildung Italiens bekannt sein. Es handelte sich bei den Irredenta um die „unerlösten" Gebiete, die Italien seinem Nationalstaat nach 1870 noch einverleiben wollte (z. B. Istrien, Südtirol).

Aufgabe 2

● *Nennen Sie nun die territorialen Bestimmungen des Versailler Vertrages und der Verträge von St. Germain und Trianon. Benennen Sie dabei Gebiete mit deutschsprachigen Minderheiten.*

Ⓛ

Territoriale Bestimmungen des Versailler Vertrages und des Vertrags von St. Germain bzw. Trianon:
- Deutschland verliert 13% seines Gebietes an Polen, Frankreich, Dänemark und die ČSR
- Die österreichisch-ungarische Doppelmonarchie wird aufgelöst, es entstehen daraus Polen, die Tschechoslowakei, Jugoslawien neu, ein vergrößertes Rumänien, ein um Südtirol erweitertes Italien und Österreich und Ungarn als Reststaaten

Irredenta für Lloyd George deutsche bzw. ungarische Minderheiten in den neu gegründeten Staaten
- deutschsprachige Minderheiten durch die Pariser Verträge in Polen, ČSR, Jugoslawien, Rumänien, Ungarn
- ungarische Minderheiten in ČSR, Jugoslawien, Rumänien

● *Nennen Sie die militärischen und wirtschaftlichen Bestimmungen des Versailler Vertrages.*

Ⓛ Militärische Bestimmungen des Versailler Vertrages:
Reduktion des Heeres auf 100 000 Mann, Abrüstung der Marine auf 25 000 Mann, Entmilitarisierung und Besetzung des linken Rheinufers, Schleifung aller Festungen in den entmilitarisierten Zonen

Wirtschaftliche Bestimmungen des Versailler Vertrages:
Verlust der Kolonien, der Auslandsvermögen, der Handelsflotte, des lothringischen Eisenerzes, der Saarkohle, Reparationen in unbestimmter Höhe

Aufgabe 3

● *Stellen Sie Ihre Kenntnisse der Entwicklung des Reparationsproblems auf einem Notizblatt zusammen. Halten Sie dann Punkt für Punkt und chronologisch fest, welchen Aufschluss die Reparationsfrage jeweils hinsichtlich der Außenpolitik Frankreichs, Englands, der USA und Russlands/UdSSR ergibt. Schreiben Sie das Ergebnis Station für Station nieder.*

Ⓛ Einigkeit von Frankreich, England, den USA bis 1923 im Ziel der Isolation Deutschlands; Unnachgiebigkeit in der Reparationsfrage
zunächst 1919 maximale Reparationsforderungen (unbestimmte Höhe, unbestimmte Zeit), 1920 Forderung von 269 Mrd. Goldmark in 42 Jahresraten, nach Ablehnung Besetzungen rechts des Rheins, 1921 Londoner Ultimatum der Forderung von 132 Mrd. akzeptiert, 1923 Ruhrbesetzung wegen verzögerter Lieferungen

Rapallo 1922: Einigung der isolierten Staaten Deutschland und Russland auf Reparationsverzicht, diplomatische Beziehungen und Wirtschaftsbeziehungen

Denkschrift

(L)····· Infolge von Rapallo-Vertrag und Krisenjahr 1923 Neuorientierung der westlichen Außenpolitik ge-
genüber Deutschland:
Locarno-Vertrag 1925 Deutschlands mit Frankreich, Belgien, Italien und England (Garantie der
Westgrenze, Ostgrenze offengehalten), Aufnahme in den Völkerbund 1926 (Deutschland poli-
tisch gleichberechtigt), Berliner Vertrag mit UdSSR 1926
Niederschlag im Reparationsproblem: Dawes-Plan 1924 (jährliche Raten von 2,5 Mrd.); Young-
Plan 1929 (erstmals zeitliche Begrenzung);
Rückgabe Rheinland 1930, 1931 Hoover-Moratorium, 1932 Konferenz von Lausanne: Ende der Repa-
rationszahlungen
Fazit: politische und wirtschaftliche Gleichstellung Deutschlands zwischen 1924 und 1932

Aufgabe 4

● *Notieren Sie zunächst Ihre Kenntnisse über die Vorgeschichte des Zweiten Weltkrieges Station für Stati-
on auf einem Notizblatt.*
*Überprüfen Sie nun Punkt für Punkt chronologisch, inwiefern Lloyd Georges These zutrifft und halten
Sie das Ergebnis abschnittsweise fest.*

(L)····· Mögliche Gesichtspunkte
Pro
Entwicklung des Minderheitenproblems in deutschen Nachbarstaaten:
–   Krisen in der Nachkriegszeit aufgrund deutscher Minderheiten in den baltischen Staaten, in
    Polen (Oberschlesien, Danzig, Korridor), in der ČSR, in Jugoslawien (Südsteiermark), Ungarn
    und Italien (Südtirol), z. T. auch bewaffnet; Volksabstimmungen in Österreich über Vereinigung
    mit Deutschem Reich (Verbot durch Versailler Vertrag)
–   „Anschluss" Österreichs unter Waffengewalt mit Kriegsrisiko
–   Sudetengebiet 1938 nur unter Kriegsdrohung an das Deutsche Reich
–   Danzig-Problem als Anlass zum Krieg 1939
Kontra
Rolle der NS-Außenpolitik in der Kriegsentwicklung:
–   Weltmachtstreben, Lebensraumpolitik, völkischer Staat und Kampfprinzip als entscheidende
    Faktoren der NS-Außenpolitik
–   Hitlers Ziel, den Ersten Weltkrieg nochmals zu führen: Wille zum Krieg ungeachtet des Prinzips
    völkischer Staat (s. Südtirol)
–   Politik des „Heim ins Reich" als Ansatzpunkt zur Kriegsvorbereitung (Fall „Otto" als Groß-
    manöver, geplanter Krieg durch Münchener Abkommen verhindert, inszenierter „Überfall" auf
    Sender Gleiwitz als Kriegsvorwand)
Fazit:
–   Krisen aufgrund von Minderheitenproblemen durch Integrationspolitik und Kriegsvermei-
    dungsstrategien (Appeasement) bis 1938 entschärft
–   Nationalitätenproblem von NS-Außenpolitik zur Krisenverschärfung missbraucht (s. Öster-
    reich, Sudetenkrise, Danzig)
–   Kriegswillen der NS-Politik scheint Lloyd Georges These zu bestätigen
–   Ansatzpunkte für eine aggressive nationalistische Politik aufgrund der Pariser Verträge vor-
    handen, aber keine Notwendigkeit eines künftigen Krieges

Aufgabe 5

Diese Aufgabe setzt voraus, dass Ihnen die wichtigsten Schritte zur Beurteilung einer Textquelle bekannt sind: Untersuchung von Autor, Textsorte, Adressat und Verfasserintention. Stellen Sie systematisch zusammen, was Sie über diese Punkte wissen oder aus dem Text erfahren können. Mit diesen Vorarbeiten können Sie dann Ihr Urteil über die Texte als historische Quellen zusammenfassen.

● *Stellen Sie nun zusammen, was Sie über Autor, Textsorte, Adressaten und Verfasserintention in den Texten A und B herausfinden können.*

Autor:
- englischer Premierminister und Verhandlungsführer Englands auf der Friedenskonferenz von Paris (neben Clemenceau für Frankreich und Wilson für die USA)

Textsorte:
- Denkschrift=Memorandum, eine ausführliche politische Stellungnahme
  hier: sorgfältig argumentierte Überlegungen zur Mäßigung im Umgang mit Besiegten als Grundlage für einen dauerhaften Frieden, vorsichtig formulierte Sorge, die bisher erörterten oder festgehaltenen Prinzipien könnten instabile Verhältnisse hervorrufen

Adressat:
- scheinbar alle Teilnehmer der Friedenskonferenz, in Wahrheit Frankreich, das im Versailler Vertrag seine Interessen gegenüber Deutschland zu verwirklichen versucht und eine Position der Maximalforderungen durchzusetzen versucht, während sich die USA für die europäische Nachkriegsordnung nicht sonderlich interessieren

Verfasserintention:
- Einwirken auf Frankreich zur Revision seiner bisherigen Vorstellung vom Friedensvertrag mit Deutschland

Fazit:
Die Quelle gibt Einblick in den Umgang mit gegensätzlichen Interessen innerhalb der Verhandlungsdelegationen der Siegermächte des Ersten Weltkrieges und regt zum Nachdenken über mögliche Alternativen zum am 28. Juni 1919 unterzeichneten Vertragstext und seine tatsächlichen Folgen an.

2.1.3   Erschließen meinungsbildender Texte III: Parlamentsreden

Themenbereich: Das Deutschlandproblem nach dem Zweiten Weltkrieg

1. *Fassen Sie die Positionen in den Texten A und B in Thesenform zusammen.* (10 BE)

2. *Nennen Sie die Beschlüsse der Pariser Konferenz 1954 und skizzieren Sie den Weg zu ihr.* (10 BE)

3. *Erörtern Sie die Berechtigung von Ollenhauers Bedenken, indem Sie die Frage der Deutschen Einheit in den Pariser Verträgen untersuchen.* (10 BE)

4. *Beurteilen Sie die beiden Quellen.* (10 BE)

5.1 *Verfolgen Sie das Problem der deutschen Einheit und Souveränität 1945–1955.*

5.2 *Erklären Sie die Unterschiede in den Möglichkeiten zur Herstellung der deutschen Einheit in den 1950er-Jahren und im Einheitsprozess von 1990.* (20 BE)

Text A:

Aus der Regierungserklärung Adenauers zum Pariser Abkommen vom 15.12.1954

[…] Eines der bedeutsamsten Ergebnisse der Pariser Konferenz, das auch die Grundlage für alle weiteren Beschlüsse über die deutsche Beteiligung an der gemeinsamen Verteidi-
5 gung Europas und der atlantischen Staatengruppe bildet, ist die Wiederherstellung der deutschen Souveränität im Bereiche der Bundesrepublik.
Diese Souveränität wird der Bundesrepublik
10 nicht von den drei westlichen Besatzungsmächten „verliehen" oder „gewährt". Sie ist keine von fremden Mächten übertragene, sondern sie ist eigenständige deutsche Souveränität, die nur von der Besatzungsgewalt
15 zeitweilig verdrängt und überlagert war und jetzt überall dort wieder wirksam wird, wo die Besatzungsgewalt erlischt. Sie ist deutsche Souveränität, die wieder effektiv wurde, sie ist nicht eine neue, der Bundesrepublik ver-
20 liehene Souveränität.
Die Bundesregierung weist nachdrücklich die Behauptung zurück, dass die Spaltung Deutschlands durch die Wiederherstellung der Souveränität für einen Teil Deutschlands vertieft oder verhärtet werde. Sie hat auch bei 25 der Neuformulierung der Vertragstexte sorgfältig darauf Bedacht genommen, dass jene Elemente der Viermächte-Vereinbarungen von 1945 unberührt bleiben, die die Bewahrung der staatlichen Einheit Deutschlands 30 und seine Wiedervereinigung betreffen. Nur aus diesem Grunde hat sie der Aufrechterhaltung der Verantwortlichkeit der drei Westmächte für Berlin, die Wiedervereinigung und den Friedensvertrag und der Beibehal- 35 tung der damit verbundenen Rechte zugestimmt. Wenn darin eine Beschränkung der deutschen Souveränität liegt, dann handelt es sich jedenfalls um eine Beschränkung, die jeder einsichtige Deutsche im gegenwärtigen 40 Zeitpunkt für unvermeidlich und notwendig halten muss, um die Lage Berlins nicht zu gefährden und die Wiedervereinigung Deutschlands nicht zu erschweren.

Konrad Adenauer auf
einem Plakat zur
Bundestagswahl 1957

45 Die Bundesregierung glaubt daher, in der
neuen Souveränitätsformel des geänderten
Deutschland-Vertrages einen erfreulichen
Fortschritt auch im Vergleich zu dem Ver-
handlungsergebnis von 1952 sehen zu dür-
50 fen. Sie ist aber nach wie vor der Überzeugung, dass jede übersteigerte Form
nationalstaatlichen Souveränitätsdenkens
geschichtlich überholt und verderblich wäre.
Sie sieht in der wiedergewonnenen Souverä-
55 nität eine erweiterte politische Selbstständig-
keit, Verantwortlichkeit und Handlungs-
fähigkeit, die ihr erlauben, mit größerer
Wirksamkeit und Überzeugungskraft die
schon bisher erstrebten Ziele zu verfolgen:
60 die Wiedervereinigung Deutschlands und
die Einigung Europas. […]

Text B:

Aus der Rede Erich Ollenhauers (SPD) zu Adenauers Regierungserklärung vom 15.12.1954

[…] Der Herr Bundeskanzler hat in Paris eine
große Zahl von Verträgen und Vereinbarungen unterzeichnet; aber eine Vereinbarung
und eine Unterschrift fehlt: Es gibt auch un-
5 ter den Pariser Dokumenten keine Vereinbarung über die gemeinsame Politik zur Verwirklichung des Ziels der deutschen
Wiedervereinigung; im Gegenteil, in Paris ist
zwar nicht schriftlich, aber tatsächlich fest-
10 gelegt worden, dass neue Verhandlungen mit
der Sowjetunion über das Problem der deutschen Einheit erst nach der Ratifizierung der
Verträge ins Auge gefasst werden sollen. Der
Herr Bundeskanzler hat sich diese These wie-
15 derholt und ausdrücklich zu eigen gemacht,
auch in seiner heutigen Rede. Damit ist eindeutig der Aufrüstung der Bundesrepublik
der Vorrang vor der Wiedervereinigung gegeben worden. Dass diese Entscheidung im Wi-
derspruch steht zu den wiederholten ein- 20
stimmigen Beschlüssen des Bundestages,
steht außer jedem Zweifel. […]

Der SPD-Vorsitzende Erich Ollenhauer 1958 bei seiner An-
sprache zur Kundgebung „Kampf gegen Atomtod" in der
Frankfurter Kongresshalle. Foto

Parlamentsrede

Nun hat die Sowjetregierung in ihrer letzten Note vom 9. Dezember eindeutig erklärt, dass
25 nach der Ratifizierung der Pariser Verträge Verhandlungen über die deutsche Wiedervereinigung gegenstandslos sein werden. Sie sagt weiter, es sei ein Irrtum, anzunehmen, dass man nach der Ratifizierung mit größerer
30 Erfolgsaussicht über die deutsche Frage verhandeln könne. Außerdem wird für den Fall der Ratifizierung eine verstärkte militärische Aufrüstung angekündigt. […]
Meine Damen und Herren, niemand von uns
35 vermag zu sagen, ob eine große Anstrengung, die Versteinerung der Spaltung Deutschlands durch ernsthafte Verhandlungen zu verhindern, noch zu einem Erfolg führt. Aber die große Sache, die auf dem Spiele steht, die Ein-
40 heit unseres Volkes, erfordert die Ausschöpfung aller Verhandlungsmöglichkeiten. Wir erwarten von der Bundesregierung – und wir hoffen dafür die Zustimmung der Mehrheit

dieses Hauses zu finden –, dass sie sofort vor dem Abschluss der Ratifizierung mit den Westmächten verhandelt über die Vorberei- 45 tung einer neuen Viermächtekonferenz durch die Aufstellung eines gemeinsamen Verhandlungsprogramms mit dem Ziel, diese Konferenz durchzuführen, ehe dieses Haus die endgültige Entscheidung über die Verträ- 50 ge fällt. Wir können es vor dem deutschen Volke nicht verantworten, dass wir das unbestreitbare Risiko eingehen, dass nach der Ratifizierung der Verträge Verhandlungen über die Wiedervereinigung nicht mehr 55 möglich sind, und dass wir dann vor der Tatsache eines endgültig gespaltenen Deutschlands stehen.[…]

(Dokumente der Deutschen Politik und Geschichte von 1848 bis zur Gegenwart, Bd. 8, hrsg. v. K. Hohlfeld, Berlin o. J., S. 525 f. und 538 f.)

Aufgabenstellung verstehen

● *Setzen Sie sich zunächst mit der Aufgabenstellung auseinander, bestimmen Sie den Anforderungsbereich der Aufgaben 1–5 und beachten Sie die erreichbaren Bewertungseinheiten (insges. 60 BE).*

Ⓛ

Aufgabe 1	Zusammenfassen	Anforderungsbereich	I:	10 BE
Aufgabe 2	Nennen/Skizzieren	Anforderungsbereich	I:	10 BE
Aufgabe 3	Erörtern	Anforderungsbereich	III:	10 BE
Aufgabe 4	Beurteilen	Anforderungsbereich	III:	10 BE
Aufgabe 5.1	Verfolgen/Darstellen	Anforderungsbereich	II:	10 BE
Aufgabe 5.2	Erklären	Anforderungsbereich	II:	10 BE

● *Lesen Sie jetzt die Aufgaben genau und unterstreichen Sie dabei die Kernbegriffe.*

Ⓛ

Aufgabe 1	Positionen in A und B in Thesenform
Aufgabe 2	Pariser Konferenz: Beschlüsse und Entstehung
Aufgabe 3	Erörterung von Ollenhauers Bedenken, Pariser Verträge als Hindernis der Wiedervereinigung
Aufgabe 4	Beurteilung der beiden Quellen
Aufgabe 5.1	Einheitsproblem und Souveränitätsfrage 1945–1955
Aufgabe 5.2	Unterschiede in den Möglichkeiten zur Wiedervereinigung 1954/1990

● *Lesen Sie die Quellentexte aufmerksam durch. Halten Sie Ihren ersten Eindruck schriftlich fest.*

Ⓛ Konflikt Westbindung versus Wiedervereinigung
  – Adenauer: jetzt Möglichkeit, Souveränität für die Bundesrepublik zu erlangen, deshalb Unterzeichnung der Pariser Verträge und Offenhalten der Deutschen Frage;
  – Ollenhauer: Wiedervereinigung jetzt verhandeln, da nach den Pariser Verträgen alle Verhandlungen unmöglich

  Eindruck: Schwierig zu lösendes Problem, da sowohl Souveränität als auch deutsche Einheit zu den höchsten politischen Zielen von Nachkriegsdeutschland gehören

Lösungsschritte

Aufgabe 1

● *Lesen Sie den Text nochmals durch und unterstreichen Sie Textstellen, die Ihnen charakteristisch erscheinen für die Position Adenauers in Text A, für die Position Ollenhauers in Text B. Formulieren Sie nun die Punkte bei Adenauer bzw. bei Ollenhauer in der Form eines Aussagesatzes (These).*

Ⓛ Text A: Adenauer
  – Die Wiederherstellung der deutschen Souveränität ist das wichtigste Ergebnis der Pariser Verträge, die deutsche Beteiligung an den Verteidigungsbündnissen Begleiterscheinung.
  – Die Erlangung der Souveränität bedeutet keine Vertiefung der deutschen Spaltung, da die Viermächte-Vereinbarungen zur Einheit Deutschlands von 1945 unberührt bleiben.
  – Wegen des Ziels der deutschen Einheit hat die Bundesregierung den alliierten Vorbehaltsrechten zugestimmt.
  – Der Deutschlandvertrag bedeute einen Fortschritt gegenüber 1952: Die deutsche Souveränität befördert die deutsche Wiedervereinigung und die Einigung Europas.

  Text B: Ollenhauer
  – In den Pariser Verträgen fehlt eine gemeinsame Politik der Westmächte zur Wiedervereinigung Deutschlands.
  – Verhandlungen mit der Sowjetunion sind erst nach der Ratifizierung der Pariser Verträge angekündigt.
  – Damit gibt die Bundesregierung der deutschen Aufrüstung den Vorrang vor der Wiedervereinigung Deutschlands.
  – Die Sowjetunion lehnt Verhandlungen über eine Wiedervereinigung nach der Unterzeichnung der Pariser Verträge ab und kündigt Aufrüstung an.
  – Deshalb appelliert Ollenhauer an die Regierung, die Verhandlungsmöglichkeiten (Vier-Mächte-Konferenz) vor der Ratifizierung der Verträge auszuschöpfen.
  – Er warnt vor der Gefahr eines endgültig gespaltenen Deutschland.

Aufgabe 2

● *Es genügt hier die Hauptinhalte der Pariser Verträge von 1954 aufzuzählen und die wichtigsten Statio-nen zu den Pariser Verträgen zu nennen.*

Ⓛ Inhalt der Pariser Verträge
Beitritt der Bundesrepublik Deutschland zur Westeuropäischen Union (WEU) und zur North Atlantic Treaty Organisation (NATO), damit
– Möglichkeit der Truppenstationierung durch die Vertragspartner in Deutschland Abschluss des revidierten Deutschlandvertrages von 1952, darin
– Ende des Besatzungsstatuts, der Herrschaft der Alliierten Hohen Kommissare über die Bundesrepublik, damit Gewinnung der inneren Souveränität
– alliierte Vorbehaltsrechte bezüglich Friedensvertrag, Berlin, Deutschland als Ganzes und den Notstandsfall bleiben bestehen (Begrenzung der äußeren Souveränität)
– Wiedervereinigung nur für ein freiheitlich-demokratisch verfasstes Deutschland im Rahmen einer europäischen Integration (Verpflichtung auf die UN-Charta, das Statut des Europarates)
Weg zu den Pariser Verträgen
– Kalter Krieg: Engagement der USA im Koreakrieg 1950, Truppenabzug aus Europa, Notwendig-keit eines westdeutschen Verteidigungsbeitrags in Europa gegen die Sowjetunion
– Beschluss des Europarates: Gründung einer europäischen Armee mit Bundesrepublik Deutschland, Regierungen Frankreichs und der Bundesrepublik gründen 1952 die Europäische Verteidigungsgemeinschaft (EVG): erste Fassung des Deutschlandvertrages
– Stalin bietet 1952 bei einem Verzicht auf EVG deutsche Wiedervereinigung an
– Deutsche Regierung ignoriert Stalin-Note, aber Französische Nationalversammlung lässt EVG 1954 scheitern
– USA setzen sich für eine Aufnahme der Bundesrepublik in die NATO ein, zur Einbindung Frankreichs und Deutschlands Beitritt der Bundesrepublik zur WEU: damit Pariser Verträge

Aufgabe 3

● *Eine Erörterung sollten Sie in der Form einer Pro-und-Kontra-Untersuchung anlegen.*
Suchen Sie also zuerst Argumente, die Ollenhauers Sicht bestärken, dann nach solchen, die seine Position schwächen könnten.

Ⓛ These Ollenhauers: Adenauer gibt der Souveränität der BRD, ihrer Westintegration und ihrer Wie-derbewaffnung den Vorzug vor Verhandlungen über die Wiedervereinigung.

Für Ollenhauers These spricht:
– Nach der Ratifizierung der Pariser Verträge haben Verhandlungen über eine Wiedervereini-gung mit der Sowjetunion keine Chance, denn der Deutschlandvertrag sieht nur ein vereintes Deutschland mit einer freiheitlich-demokratischen Verfassung und einer Integration in eine Europäische Gemeinschaft vor.
– Der Weg zur deutschen Einheit geht nur über die Sowjetunion.
– Adenauer zieht tatsächlich Souveränität und Westintegration jetzt einer ungewissen Wieder-vereinigung vor.

Ⓛ⋯ – Ollenhauer schätzt die Sowjetunion richtig ein: Nach den Pariser Verträgen wird die DDR
      souverän.
    – Zwischen 1955 und 1989 gibt es tatsächlich keine Verhandlungen zur Wiedervereinigung
      Deutschlands zwischen den Siegermächten.

    Gegen Ollenhauers These spricht:
    – Er setzt voraus, dass die Sowjetunion wie bei der ersten Stalin-Note im März 1952 tatsächlich
      zu einer Wiedervereinigung eines neutralen Deutschland bereit wäre (analog Österreich
      1956).
    – Nach Forschungslage war Stalin aber dazu bereits im Sommer 1952 nicht mehr bereit. Es kam
      nur ein von der UdSSR abhängiges vereintes Deutschland in Betracht.
    – Wenn Ollenhauer sich in der Einschätzung der UdSSR täuscht, geht seine Argumentation ins
      Leere und die BRD versäumt 1954 wichtige Möglichkeiten für sich.
    – Adenauers Konzept hält die deutsche Einheit offen, allerdings nur für den Fall des Untergangs
      der DDR oder der Sowjetunion.

Aufgabe 4

● *Die Aufgabe ist komplexer als sie erscheint. Da sie auf eine Aufgliederung verzichtet, müssen Sie selbst
  wissen, wie man eine Quelle beurteilt (vgl. oben Einführung zur Erschließung schriftlicher Quellen).*

Ⓛ⋯ Text A
    Autor:
    Bundeskanzler Adenauer, CDU-Vorsitzender, Chef einer Regierungskoaliton von CDU/CSU, FDP
    u. a., besitzt eine regierungsfähige Mehrheit im Bundestag
    Textsorte:
    Regierungserklärung, d. h. Begründung der Regierungspolitik vor dem Bundestag mit
    anschließender Debatte
    staatsmännische Argumentation, sachlich im Ton, sicher auf dem Gebiet der internationalen
    Politik, eindeutig in der Zielsetzung auch bei schwierigen nationalen Wertentscheidungen
    Adressat:
    Bundestag, eigene Fraktion und Regierungspartner, die keineswegs mit dem Weg Adenauers in
    der Frage der Pariser Verträge einverstanden sein müssen; aber auch die Opposition und die
    Öffentlichkeit, da die Regierungserklärung im Wortlaut veröffentlicht wird
    Intention:
    Zustimmung der eigenen Regierungskoalition zu den Pariser Verträgen, da diese durch den
    Bundestag ratifiziert werden müssen

    Text B
    Autor:
    SPD-Vorsitzender Ollenhauer, Oppositonsführer im Deutschen Bundestag
    Textsorte:
    Oppositionsrede zur Kritik der Regierungspolitik, in diesem Fall den eben ausgehandelten Pariser
    Verträgen; sachlicher Ton, wertorientierte Argumentation, kenntnisreich und seriös, nationale
    Frage steht im Vordergrund

Parlamentsrede

(L)········ Adressat:
mehr als die eigene Fraktion, die seine Position in diesem Fall teilt, die Regierungskoalition, deren
Stimmen er braucht, um die Ratifikation der Pariser Verträge zu verhindern
Intention:
Veränderung der Prioritäten der Regierungspolitik in der Aufrüstungs- und Wiedervereinigungs-
frage, Verhinderung der Ratifizierung der Pariser Verträge
Fazit:
Die Quellen geben Einblick in eine historische Parlamentsdebatte. Sie überraschen gerade im Fall
der Oppositionsrede durch Sachlichkeit, Verzicht auf agitatorische Töne, obwohl es hier um eine
Kardinalfrage der deutschen Nachkriegspolitik von größter Tragweite ging, eine Weichenstel-
lung, deren Orientierungspunkte sich erst nach 1989 veränderten.

Aufgabe 5.1

● *Es genügt, wenn Sie hier die wichtigsten Stationen zur westdeutschen Staatsgründung 1945–1949 aufzählen und das Problem der Entwicklung der deutschen Souveränität skizzieren.*

(L)········ Situation 1945
– 8.5.1945 bedingungslose Kapitulation der Reichsregierung: debellatio und Amtsenthebung
der Reichsregierung
– 5.6.1945 Berliner Deklaration: unmittelbare Herrschaft der Alliierten über Deutschland (ohne
Annexion des Landes) durch Alliierten Kontrollrat über die Besatzungszonen: Deutschland
ohne Staatlichkeit, geografischer Begriff
– 2.8.1945 Potsdamer Abkommen behandelt Deutschland als politische und wirtschaftliche
Einheit, Ländergründungen durch die Besatzungsmächte

Weg zur westdeutschen Staatsgründung
– 1946 Scheitern von Roosevelts Plan der „Einen Welt" infolge Sowjetisierungspolitik in Europa,
kommunistischer Bewegung in China, sowjetischer Besatzungspolitik in Deutschland, Bürger-
krieg in Griechenland: Kalter Krieg
– 1947 Truman-Doktrin, Marshall-Plan, Scheitern der Außenministerkonferenzen, Gründung der
Bi-Zone in Deutschland
– 1948 Brüsseler Vertrag (WEU): französisches Plazet zur westdeutschen Staatsgründung;
Londoner Empfehlungen (Demokratie, Bundesstaat, Marshall-Plan für Westzonen-Staat);
Abwandlung der Frankfurter Dokumente zur Verfassung durch die Ministerpräsidenten zum
Verfassungsprovisorium Grundgesetz, Verfassungskonvent und Parlamentarischer Rat;
– 1949 Besatzungsstatut und Verabschiedung des Grundgesetzes

Souveränitätsentwicklung 1949–1955
– 1949 Besatzungsstatut: alle Entscheidungen der Bundesregierung von der Zustimmung der
Hohen Alliierten Kommission abhängig (Vertretung nach außen)
Lockerung durch Petersberger Abkommen November 1949: eigene deutsche konsularische
Vertretungen, Beitritt zur Internationalen Ruhrbehörde 1949, Beitritt zum Europarat 1951,
Souveränität nach innen (bis auf Notstand) durch Deutschlandvertrag 1955, nach außen bis
auf alliierte Vorbehaltsrechte bezüglich Friedensvertrag, Berlin und Deutschland als Ganzes

Aufgabe 5.2

● *Die Aufgabe verlangt eine zusammenhängende Argumentation für die Lage 1954 und 1990. Notieren Sie zunächst Stichpunkte, bevor Sie an eine geordnete Ausführung gehen. Achten Sie auf Kausalzusammenhänge.*

Ⓛ 1954
- seit 1946 keine gemeinsame Entschließung mehr der vier Siegermächte des Zweiten Weltkrieges bezüglich Deutschland
- in Folge des Kalten Kriegs Zementierung der deutsche Frage auf die Vereinbarungen im August 1945 im Potsdamer Abkommen
- deutsche Einheit theoretisch akzeptiert, aber durch Auseinanderentwicklung der Besatzungszonen irreal
- durch die Vereinigung der drei Westzonen Teilung Deutschlands in zwei Staaten, bei Alleinvertretungsanspruch der Bundesrepublik Deutschland
- ohne Zustimmung der Sowjetunion keine Veränderung der Lage möglich, sowjetische Verhandlungsbereitschaft nach NATO-Beitritt der Bundesrepublik beendet, d. h. 1955–1989

1990
- Bewegung in der deutschen Frage aufgrund von Veränderungen in der Sowjetunion ab 1985 und in der DDR ab 1989
- ab 1985 Glasnost und Perestrojka unter Gorbatschow in der UdSSR
- 1988 Ende der Breschnew-Doktrin
- 1989 ausdrückliche Freistellung der Entwicklung auch der DDR durch UdSSR
- 1989/90 DDR-Krise, Mauer-Öffnung, März-Wahlen mit Sieg der CDU
- 1990 CDU-Regierung der DDR strebt schnellsten Weg zur deutschen Einheit an:
    Juni Staatsvertrag mit der BRD, August Einigungsvertrag mit der BRD
    September sog. Friedensvertrag (2 + 4): BRD, DDR und die vier Siegermächte des Zweiten Weltkrieges einigen sich auf Deutschland = BRD+DDR+Berlin
    Deutsche Einheit seit 3. Oktober 1990

2.2 Erschließen normativer Textquellen

Themenbereich: Innenpolitik des NS-Staates

1. *Erarbeiten Sie am Text der vorliegenden Erlasse charakteristische Prinzipien und Grundbegriffe der NS-Ideologie, definieren Sie diese und erläutern Sie sie anhand von Textstellen.* (20 BE)

2. *Arbeiten Sie am Text Ausgrenzungsmethoden gegenüber jüdischen Schülern heraus.* (10 BE)

3. *Ordnen Sie die Ministererlasse möglichst knapp und präzise in die Chronologie der innenpoliti-schen Entwicklung des NS-Staates ein.* (10 BE)

4.1 *Beurteilen Sie die vorliegenden Ministerialerlasse als historische Quelle.* (10 BE)

4.2 *Erörtern Sie die Chancen und Möglichkeiten der Bevölkerung, sich gegen den verordneten Antisemitismus des NS-Staates in Schule und Gesellschaft zu wehren.* (10 BE)

Aus Ministerialerlassen des Deutschen Reiches 1933–1935

Min.-Erlass vom 9.12.33
Da der Direktor seiner vorgesetzten Behörde für den nationalsozialistischen Geist und die Leistungen seiner Schule verantwortlich ist,
5 geht es nicht an, dass die von ihm für notwendig erachteten Maßnahmen – wie bisher – zum großen Teil von wechselnden Mehrheitsbeschlüssen der Lehrerschaft abhängig gemacht werden. Ich ordne daher unter Auf-
10 hebung aller entgegenstehenden oder darüber hinausgehenden Bestimmungen an, dass sämtliche Konferenzen in Zukunft nur noch beratende Befugnisse haben, und dass die bisher den Konferenzen zugewiesenen Ent-
15 scheidungen fortan der Direktor trifft, soweit nicht rechtliche Bindungen dem entgegenstehen.

Min.-Erlass vom 3.2.34
20 Der Erlass vom 9.12.33 […] findet auch auf sämtliche Prüfungsausschüsse Anwendung. Die Entscheidungen sind daher von dem Vorsitzenden aufgrund eingehender Beratung mit den Mitgliedern der Ausschüsse zu
25 treffen. […]

Min.-Erlass vom 27.3.35
[…] Die höhere Schule hat […] die Pflicht, unter den zu ihr kommenden Jugendlichen (die männlichen Bezeichnungen gelten überall auch für die Schülerinnen) eine Auslese zu 30 treffen, welche die Ungeeigneten und Unwürdigen ausscheidet, um die Geeigneten und Würdigen um so mehr fördern zu können. Die ständige Prüfung muss sich auf die körperliche, charakterliche, geistige und völ- 35 kische Gesamteignung erstrecken. […]
II. Charakterliche Auslese
1. Wer durch sein allgemeines Verhalten in und außer der Schule gröblich gegen Sitte und Anstand verstößt, ist von der Schule zu 40 verweisen.
2. Fortgesetzte Verstöße gegen Kameradschaftlichkeit und Gemeinschaftssinn ziehen nach vergeblichen Besserungsversuchen die Verweisung von der Schule nach sich. 45
3. Dasselbe geschieht bei dauernden Verstößen gegen Zucht und Ordnung und gegen Ehrlichkeit, die auf einen grundsätzlichen Mangel an Einfügungs- und Ordnungssinn und andererseits an Offenheit deuten. […] 50

In einer Schulklasse, Fotografie, um 1941. – Auf der Tafel steht: „Der Jude ist unser größter Feind! Hütet euch vor den Juden!"

IV. Völkische Auslese

1. Arische Schüler dürfen hinter nicht arischen nicht zurückgesetzt werden. Es ist daher nicht angängig, an Nichtarier (im Sinne
55 des Reichsgesetzes zur Wiederherstellung des Berufsbeamtentums vom 7. April 1933 und seiner Nachträge) irgendwelche Vergünstigungen zu geben (Schulgelderlass, freie Lehrmittel, Erziehungsbeihilfen u. dgl.), solange
60 sie arischen Schülern versagt werden.

2. Schüler, die durch ihr Verhalten in und außer der Schule die Volksgemeinschaft oder den Staat wiederholt schädigen, sind von der Schule zu verweisen. […]
65 V. Einzelbestimmungen […]

15. Bei allen aussondernden Maßnahmen aufgrund mangelhafter geistiger Leistungen sind die körperlichen und charakterlichen Fähigkeiten voll mitzuwerten. Wenn der Schüler hervorragende Führereigenschaften 70 besitzt und getätigt hat, ist besonders wohlwollend zu verfahren.

Gute, rein verstandesmäßige Leistungen können jedoch nicht als Ausgleich charakterlicher Mängel angesehen werden. […]   75

(Jahrbuch der Lehrer der höheren Schulen [Kunzes Kalender] 1. Teil. 43. Jahrgang 1936, S.65–68; kursive Hervorhebung im Original gesperrt)

Aufgabenstellung verstehen

● *Setzen Sie sich zunächst mit der Aufgabenstellung auseinander, bestimmen Sie den Anforderungsbereich der Aufgaben 1–4 und beachten Sie die erreichbaren Bewertungseinheiten (insges. 60 BE).*

Ⓛ
Aufgabe 1	Erarbeiten	Anforderungsbereich	II:	8 BE
	Definieren	Anforderungsbereich	I:	6 BE
	Erläutern	Anforderungsbereich	I:	6 BE
Aufgabe 2	Herausarbeiten	Anforderungsbereich	II:	10 BE
Aufgabe 3	Einordnen	Anforderungsbereich	I:	10 BE
Aufgabe 4.1	Beurteilen	Anforderungsbereich	III:	10 BE
Aufgabe 4.2	Erörtern	Anforderungsbereich	III:	10 BE

● *Lesen Sie jetzt die Aufgaben genau und unterstreichen Sie dabei die Kernbegriffe.*

Ⓛ
Aufgabe 1	Prinzipien und Grundbegriffe der NS-Ideologie
	Definition der Begriffe
	Belege aus dem Text
Aufgabe 2	Ausgrenzungsmethoden gegenüber jüdischen Schülern im Text
Aufgabe 3	Chronologie der Entwicklung des NS-Staates
	Einordnung der Erlasse
Aufgabe 4.1	Beurteilung der Erlasse als Quelle
Aufgabe 4.2	Chancen einer Nichtbefolgung der Erlasse

● *Lesen Sie den Quellentext aufmerksam durch. Halten Sie Ihren ersten Eindruck schriftlich fest.*

Ⓛ Durchsetzung der NS-Ideologie bis in die Alltagshandlungen des Schulbetriebs hinein, Tabubruch des Rassismus als Selbstverständlichkeit, militärisches Denken in schulischen Abläufen: Vorstellung einer Maschinerie zur Umsetzung staatlicher Vorgaben, Ohnmachtsgefühl, Widerstandsfantasien

Lösungsschritte

Aufgabe 1

● *Lesen Sie den Text nochmals durch und unterstreichen Sie Textstellen, die Ihnen charakteristisch erscheinen für die NS-Ideologie.*

Ⓛ Folgende Stellen sollten Ihnen aufgefallen sein:
Min.-Erlass vom 9.12.33
– Direktor [...] für den nationalsozialistischen Geist [...] seiner Schule verantwortlich
– die bisher den Konferenzen zugewiesenen Entscheidungen trifft fortan der Direktor
– Min.-Erlass vom 3.2.34
– Der Erlass vom 9.12.33 [...] findet auch auf sämtliche Prüfungsausschüsse Anwendung
Min.-Erlass vom 27.3.35

Ⓛ
- Auslese [...], welche die Ungeeigneten und Unwürdigen ausscheidet
- Prüfung muss sich auf die körperliche, charakterliche, geistige und völkische Gesamteignung erstrecken
- Charakterliche Auslese
- Verstöße gegen Kameradschaftlichkeit und Gemeinschaftssinn [...] Verweisung von der Schule
- Verstößen gegen Zucht und Ordnung und gegen Ehrlichkeit [...] Mangel an Einfügungs- und Ordnungssinn [...] an Offenheit
- IV. Völkische Auslese
- Arische Schüler [...] Nichtarier
- Volksgemeinschaft [...] schädigen
- körperliche und charakterliche Fähigkeiten voll mitzuwerten
- hervorragende Führereigenschaften

● *Stellen Sie zu den ausgewählten Stellen entsprechende Begriffe und Prinzipien der NS-Ideologie zusammen und definieren Sie diese.*

Ⓛ Führerprinzip – gesellschaftliches und staatliches Ordnungsprinzip: charismatische Führerpersönlichkeit an der Spitze einer Befehlshierarchie ohne Kontrolle durch Mehrheitswillen
Sozialdarwinismus – biologisches Ausleseprinzip als Grundlage der Evolution übertragen auf menschliche Gesellschaften: Leben als Kampf der Menschenrassen um Lebensraum
Antisemitismus – Juden als minderwertige Rasse, lebensunwertes Leben, jüdische Weltverschwörung gegen arische Völker bzw. Staaten; Judenhass in Verbindung mit antiliberalen und antimarxistischen Zügen bis zum „Vernichtungsantisemitismus" (Haffner)
Volksgemeinschaft – Volk der Arier als Solidargemeinschaft, Aufwertung der Handarbeit, Abbau von Geburts- und Erbvorteilen; Integrationsbegriff zur Abgrenzung vom klassenkämpferischen Marxismus und vom liberalen Pluralismus

● *Belegen Sie nun diese Prinzipien der NS-Ideologie durch Textzitate.*

Ⓛ Führerprinzip:
Übernahme der Direktorenrolle aus der soldatischen Ordnung, Durchsetzung der Prinzipien Befehl und Gehorsam ohne demokratische Kontrolle:
- Konferenzen haben „nur noch beratende Befugnisse"
- „für den nationalsozialistischen Geist und die Leistungen seiner Schule verantwortlich" (Z. 1 ff.)
- Entscheidungmonopol „findet auch auf sämtliche Prüfungsausschüsse Anwendung"
- Abgrenzung gegenüber dem demokratischen Prinzip, dem „wechselnde Mehrheitsbeschlüsse der Lehrerschaft" vorgeworfen werden – „Führereigenschaften" führen bereits in der Schule zu Privilegien (V. 15).

Sozialdarwinismus:
Gedanke, der Auslese ganz entschieden in den Vordergrund rückt:
- im Erlass von 1935 körperlich, charakterlich, geistig, völkisch
- „völkische Auslese" (IV.1.): Offenbarung des biologischen Kerns dieses Prinzips „Einzelbestimmungen": Offenbarung der geringen Bedeutung „rein verstandesmäßiger Leistungen", Vorrang des Körperlichen und Charakterlichen

Ministerialerlasse

(L)···· Antisemitismus
„IV. Völkische Auslese": gezielte Benachteiligung der jüdischen Schüler als konsequente Nicht-Be-
      vorzugung; hier keine Anzeichen von Vernichtungsantisemitismus
Volksgemeinschaft
– gegen unangepasste Schüler, Schüler mit abweichender politischer Meinung verwendbar; Indi-
      vidualisten als „Volksschädlinge" belangbar
– im Abschnitt „Charakterliche Auslese" Verhaltenskodex für Einordnung und Anpassung

Aufgabe 2

● *Streichen Sie im Text alle Stellen an, die die Ausgrenzungsstrategie erhellen.*

(L)···· Nur Erlass von 1935! „Unwürdige", „charakterliche, [...] völkische Gesamteignung", „Gemein-
      schaftssinn", „Einfügungs- und Ordnungssinn", „Nichtarier [...] irgendwelche Vergünstigungen",
      „Volksgemeinschaft"   ,,Gute rein verstandesmäßige Leistungen können nicht als Ausgleich
      charakterlicher Mängel angesehen werden."

● *Interpretieren Sie nun diese Fundstellen.*

(L)···· Propagandamethoden zur Ausgrenzung jüdischer Mitschüler:
      – Diskriminierung als konsequente Gleichbehandlung: Vergünstigungen sollen zuerst „ari-
        schen" und dann „nicht arischen" Schülern zugute kommen, d. h. Appell an den Eigennutz der
        nicht betroffenen Mehrheit
      – Scheinobjektivität der Gesetzessprache als Bemäntelung des Antisemitismus
      – Beschönigung der Grundrechtsverletzung (Gleichheitsgrundsatz, Verbot des Rassismus) in der
        Rede von „Nichtariern (im Sinne des „Reichsgesetzes zur Wiederherstellung des Berufsbeam-
        tentums vom 7. April 1933 und seiner Nachträge")
      – Begriffe wie „Würde", „Kameradschaftlichkeit", „Gemeinschaftssinn", „Ehrlichkeit" werden als
        arische Eigenschaften besetzt, sodass alle vom NS-Staat propagierten Maßnahmen als neu-
        tral und anständig erscheinen
      – Es gibt in den 1930er-Jahren das Zerrbild des heimtückischen, verschlagenen, egoistischen
        Juden. Vor diesem Hintergrund zielt die Rede von „charakterlichen Mängeln" und „Mangel an
        Einfügungssinn" auch auf das Hassbild vom Juden.
      – Auch die Abwertung „rein verstandesmäßiger Leistungen" betrifft die als besonders
        leistungsfähig bekannten jüdischen Schüler.

Aufgabe 3

● *Notieren Sie zunächst die wichtigsten Stationen zur Errichtung der NS-Diktatur, fügen Sie dann die Erlasse entsprechend deren Kerngedanken ein: Führerstaat und Antisemitismus.*

(L)···· Zum Erlass vom 9.12.33:
      – 28. Februar 1933 „Brandverordnung": Aufhebung der Grundrechte, Willkürherrschaft durch
        Schutzhaft

(L)
- 24. März 1933 Ausschaltung des Reichstags durch das Ermächtigungsgesetz; Länder und Kommunen seit März dem Reichstagswahlergebnis entsprechend „gleichgeschaltet"; erste Konzentrationslager eröffnet
- Boykott jüdischer Geschäfte am 1.4.1933
- „Reichsgesetz zur Wiederherstellung des Berufsbeamtentums" vom 7.4.1933 entfernt jüdische und sozialdemokratische Beamte aus dem Staatsdienst
- „Reichsgesetz gegen Überfüllung von deutschen Schulen und Hochschulen" begrenzt jüdische Schüler auf 1,5% der jeweiligen Einrichtung
- Parteien im Sommer durch Selbstauflösung oder Verbot beseitigt
- 13.9.1933 Rassenlehre in Schulen Pflichtfach
- September/Oktober 1933 Reichskulturkammer und Schriftleitergesetz: Ausschluss von Juden aus dem Kulturleben, NS-Kontrolle über die Öffentlichkeit

Zum Erlass vom 3.2.1934
- 1.1.1934 Deutsches Reich ist Zentralstaat
- 30.6.1934 Enthauptung der SA
- 1.8.1934 völlige Übernahme der Exekutive durch Hitler nach Tod Hindenburgs und Vereidigung der Reichswehr auf Hitler

Zum Erlass vom 27.3.35
- „Nürnberger Gesetze" vom September 1935: Entzug der Bürgerrechte für Juden; von nun an systematische Entrechtung der Juden in etwa 250 Verordnungen bis 1939
- Himmler wird „Reichsführer SS und Chef der Deutschen Polizei": Sicherheitspolizei geschaffen
- 9.11.1938: Reichpogromnacht, Verhaftung von ca. 30 000 Juden; Verdrängung aus den meisten Berufen, „Arisierung" der Vermögen
- 1939 Reichssicherheitshauptamt gegründet
- 1941 Einführung des Judensterns
- 1942 Deportation der deutschen und europäischen Juden in die Vernichtungslager

Aufgabe 4.1

● *Achtung: Diese allgemeine Aufgabenstellung gibt Ihnen keine Arbeitsschritte vor. Zur Bearbeitung dieser Aufgabe müssen Sie wissen, nach welchen Gesichtspunkten Sie bei einer Quellenkritik vorgehen sollten. Stellen Sie diese nach den Hinweisen im Einleitungsteil zum Übungsteil „Schriftliche Quellen" zusammen.*

(L) Autor, Textsorte, Adressat, Verfasserintention

● *Tragen Sie nun zusammen, was Sie über Autor, Textsorte, Adressat, Verfasserintention wissen oder aus dem Text erfahren haben.*

(L) Autor:
Ministerialbürokratie des Reichsministers für Wissenschaft, Erziehung und Volksbildung Rust, also: die Reichsregierung, an deren Spitze seit 30.1.1933 Adolf Hitler steht; vor dem Hintergrund der Errichtung der NS-Diktatur im Verlauf des Jahres 1933 also der unkontrollierte Willkürstaat

(L)
Textsorte:
Ministerialerlasse, d. h. Erlasse eines Ministeriums, nicht Gesetzestexte, die vom Reichstag oder im Rahmen des Ermächtigungsgesetzes von der Reichsregierung selbst beschlossen werden müssten, aber Ausführungsbestimmungen im Rahmen eines Gesetzes durch einen Minister normativer Text, der – hier von staatlicher Seite – vorschreibt, welches Verhalten von den Betroffenen verbindlich erwartet wird, weil ansonsten Sanktionen drohen
Adressat:
Schulen, d. h. Lehrer (Direktoren, Lehrerkollegien) und Schüler im Deutschen Reich,
im Erlass von 1935 besonders jüdische Schüler (wobei nach den Rassegesetzen von 1935 nicht die Religionszugehörigkeit, sondern die Abstammung maßgeblich war)
Intention:
Durchsetzung des NS-Programms in der Schule, in der Gesellschaft
Fazit: Der Text gibt keine Wirklichkeitsbeschreibung, nur eine Erwartung, eine Verhaltensvorschrift des Staates für Lehrer und Schüler wieder. Wie diese Verhaltenserwartung in Wirklichkeit umgesetzt wird, hängt von den Adressaten ab.

Aufgabe 4.2

Die Aufgabe berührt im Kern das Problem des Widerstandes im Deutschland der NS-Diktatur, hier in der Frage der Unterstützung der deutschen Juden gegen die staatliche Politik des Antisemitismus. Bekanntlich hat es vielfache Hilfe für jüdische Freunde und Bekannte in Deutschland gegeben. In den Schulen konnten jüdische Schüler bis zu ihrer amtlichen Verweisung nach der Reichspogromnacht bleiben. Aber ein breites Engagement gegen die Judenverfolgung hat es nicht gegeben.
Sie sollten hier Ihre allgemeinen Kenntnisse von der Widerstandsproblematik in der NS-Diktatur einbringen und auf das Problem des Antisemitismus bzw. des Engagements für jüdische Mitschüler oder Nachbarn beziehen.

(L)
–   Dem Informationsmonopol des Staates stehen viele unterschiedliche Gruppen und Meinungen gegenüber: erdrückende Propaganda, Resistenz ist zersplittert
–   Rechtliche Mittel gegen Maßnahmen des Verordnungsstaates gab es in der Regel nicht, da alle Maßnahmen formalrechtlich (Dt. Reich ist formaler Rechtsstaat seit Brandverordnung!) abgesichert waren.
–   Die NS-Diktatur verfügt über gewaltige Repressionsmittel: Karriereentzug, öffentliche Ächtung, Gefängnis, Konzentrationslager; dagegensein erfordert Heldentum
–   NS-Staat repräsentiert die traditonsgeschützte Macht, das Gute und Richtige als Allgemeines; der Dissident erscheint als Ungeheuer.
–   Tradition der Opposition durch Konzentrationslager 1933–1935 erstickt: 1 Mio. Menschen durchlaufen bis 1938 die Lager.
–   Zivilcourage ohne große Tradition in Deutschland
–   Traditioneller religiöser Antisemitismus lässt keine allgemeine Identifikation mit jüdischer Kultur oder Menschen in Deutschland entstehen.

2.3 Erschließen von Sekundärquellen

Themenbereich: Weimarer Republik und Errichtung der NS-Diktatur

1.1 *Stellen Sie die Angaben zum Aufbau des „Dritten Reiches" im Text zusammen. Ergänzen Sie sie um die bekannten Stationen zur Errichtung des NS-Staates 1933.*

1.2 *Untersuchen Sie die Wertungen im Text bezüglich der Weimarer Republik und des „Dritten Reiches".*

1.3 *Kennzeichnen und beurteilen Sie die Art der Geschichtsschreibung von Suchenwirth. (30 BE)*

2. *Stellen Sie die vier zentralen Begriffe des Nationalsozialismus im Text heraus und erklären Sie diese. Ziehen Sie dazu auch die Gegenbegriffe des Textes heran. (10 BE)*

3. *Nennen Sie die allgemeinen Umstände, welche die Auflösung der Weimarer Republik begünstigten. (10 BE)*

4. *Erörtern Sie den Sinn jener Bestimmungen der Weimarer Reichsverfassungen, aufgrund derer eine legale Diktatur im Deutschen Reich möglich war. (10 BE)*

Das Dritte Reich

Gegen das demokratisch-parlamentarische System, das, aufgebaut auf die Entscheidung der Mehrheit, den Mut zum persönlichen Einsatz und zum Einstehen für gefassten Entschluss hatte verkümmern lassen, war die Hitlerbewegung in den Kampf getreten, gelenkt durch den Führergedanken. Nicht die Mehrheit, sondern die verantwortungsbewusste Persönlichkeit allein darf regieren. Nicht die Abstimmung kann die Entschlüsse hervorbringen, der Führer selbst muss unter dem Einsatz seiner Person sich entschließen und handeln. Das Regime der Novemberparteien hatte Deutschland regiert als einen Staat von zufällig deutsch redenden Menschen, ausgehend von dem Gedanken, dass alles, was Menschenantlitz trage, gleich sei und nur durch das Ungefähr der Sprache unterschieden wäre. Juden konnten in diesem Staat Ministerposten bekleiden und in allen Bereichen des Staates, des wirtschaftlichen und kulturellen Lebens die entscheidensten Stellen innehaben. Seit dem 9. November 1918 war Deutschland nach allen Richtungen der jüdischen Kontrolle ausgeliefert. Nun aber beseelte die Bewegung, gestützt auf die befreienden Erkenntnisse der Rassen- und Vererbungslehre die Überzeugung, dass den Deutschen nicht nur Sprache und Wohnsitz, sondern auch das Blut und seine ererbte Eigenart ausmache, dass somit nie ein Jude Volksgenosse sein könne. So kämpfte sie für den deutschen Volksstaat an Stelle des dynastischen Staates der Vorkriegszeit und des Parlamentsstaats der Revolution und hat im Augenblick des Sieges in der gediegenen Gesetzesarbeit Dr. Fricks zur Wiederherstellung des Berufsbeamtentums das Reich von den fremdrassigen Parasiten gesäubert und diesen Kampf bald auch auf anderen Gebieten zum Durchbruch gebracht. Und während die frühere Zeit Deutschland durch den Klassengedanken, Klassendünkel und tausenderlei Vorurteile zersetzt hatte, auf welchem Boden

Sekundärquelle

Reichstagssitzung 1939 in der Kroll-Oper. Hier tagte das Parlament nach dem Reichstagsbrand. Fotografie.

allerdings die zahlreichen Parteien schmarotzend aufzuschießen und zu wuchern vermochten, kennt der Nationalsozialismus nur die Front der Schaffenden, wo jeder, der ehr50 lich seine Hände regt, um dieser Arbeit willen die gebührende Ehre erhält, wo Deutschland nicht mehr geschieden ist in den feindlichen Gegensatz zwischen Intelligenz und Handarbeitsberufen, sondern in echter Volksgemeinschaft die einen die andern als erforder- 55 lich und mitstrebend achten.

(Richard Suchenwirth, Deutsche Geschichte. Von der germanischen Vorzeit bis zur Gegenwart, Leipzig 1934, S. 603 f.)

Aufgabenstellung verstehen

Setzen Sie sich zunächst mit der Aufgabenstellung auseinander, bestimmen Sie den Anforderungsbereich der Aufgaben 1–4 und beachten Sie die erreichbaren Bewertungseinheiten (insges. 60 BE).

Aufgabe 1.1	Zusammenstellen	Anforderungsbereich	I:	4 BE
	Ergänzen	Anforderungsbereich	I:	6 BE
Aufgabe 1.2	Untersuchen	Anforderungsbereich	II:	10 BE
Aufgabe 1.3	Kennzeichnen/			
	Beurteilen	Anforderungsbereich	III:	10 BE
Aufgabe 2	Herausstellen/Erklären	Anforderungsbereich	II:	10 BE
Aufgabe 3	Nennen	Anforderungsbereich	I:	10 BE
Aufgabe 4	Erörtern	Anforderungsbereich	III:	10 BE

● *Lesen Sie jetzt die Aufgaben genau und unterstreichen Sie dabei die Kernbegriffe.*

Ⓛ Aufgabe 1.1   Angaben zum Aufbau des „Dritten Reiches" im Text
              Ergänzen Errichtung der NS-Diktatur 1933
  Aufgabe 1.2   Untersuchung der Wertungen im Text: Weimar, Drittes Reich
  Aufgabe 1.3   Beurteilung der Geschichtsschreibung Suchenwirths
  Aufgabe 2   zentrale NS-Begriffe im Text finden und erklären
  Aufgabe 3   Ursachen für Untergang der Weimarer Republik
  Aufgabe 4   Sinn der Ermöglichung einer legalen Diktatur in der Weimarer Verfassung

● *Lesen Sie den Quellentext aufmerksam durch. Halten Sie Ihren ersten Eindruck schriftlich fest.*

Ⓛ Kaum Fakten, vor allem Wertungen zur Errichtung der NS-Diktatur; Abwertung bis Diffamierung
  der Weimarer Republik, Glorifizierung der „Hitlerbewegung" und ihrer Maßnahmen zur Errichtung der Diktatur, wobei vor allem ihr antiparlamentarischer und antisemitischer Charakter
  hervorgehoben und Führerprinzip wie Volksgemeinschaftsgedanke hochgehalten werden

Lösungsschritte

Aufgabe 1.1

● *Lesen Sie den Text nochmals durch und unterstreichen Sie die Textstellen zum Aufbau der Diktatur.*

Ⓛ – Kampf der „Hitlerbewegung" für „Führergedanken" und „Volksstaat", für die „Erkenntnisse der
    Rassen- und Vererbungslehre"
  – „Wiederherstellung des Berufsbeamtentums": Säuberung des „Reichs von fremdrassigen
    Parasiten"
  – „Nationalsozialismus [kennt] nur die Front der Schaffenden": „echte Volksgemeinschaft"

● *Ergänzen Sie diese Zusammenstellung, die Sie kurz kommentieren oder mit eigenen Worten umschrei-*
  ben sollten, um die Aufzählung Ihrer Kenntnisse von der Errichtung der NS-Diktatur.

Ⓛ Stationen des Aufbaus des NS-Staates:
  – Hitlers Koalitionsregierung (30.1.1933)
  – Reichstags-Auflösung, Neuwahlen (5.3.33), Einschränkung der Presse- und Versammlungs-
    freiheit (4.2.33)
  – Preußische Polizei unter NS-Kommando (Februar 33)
  – „Brandverordnung": Aufhebung der Grundrechte (28.2.33)
  – Reichstagswahl: NSDAP 43,9 %, DNVP 8% (5.3.33)
  – Ermächtigungsgesetz: Aufhebung der Gewaltenteilung (24.3.33)
  – Gleichschaltung der Beamten (7.4.33)
  – Gleichschaltung der Länder (ab März 33 bis Januar 34)
  – Parteienverbot (KPD faktisch, SPD 22.6.) und -auflösung (bis Juli 33): NSDAP Staatspartei (14.7.)
  – Ende der deutschen Länder (31.12.33)

Aufgabe 1.2

● *Unterstreichen Sie im Text alle Stellen zur Weimarer Republik, vor allem wo Wertungen auffallen.*

Ⓛ
- demokratisch-parlamentarische System [...] aufgebaut auf die Entscheidung der Mehrheit
- den Mut zum persönlichen Einsatz und zum Einstehen für gefassten Entschluss hatte verkümmern lassen
- Das Regime der Novemberparteien
- Deutschland regiert als einen Staat von zufällig deutsch redenden Menschen
- Gedanken, dass alles, was Menschenantlitz trage, gleich sei
- nur durch das Ungefähr der Sprache unterschieden
- Juden konnten in diesem Staat Ministerposten bekleiden und in allen Bereichen des Staates,
  des wirtschaftlichen und kulturellen Lebens die entscheidensten Stellen innehaben.
- Seit dem 9. November 1918 war Deutschland nach allen Richtungen der jüdischen Kontrolle
  ausgeliefert.
- Parlamentsstaat der Revolution
- frühere Zeit Deutschland durch den Klassengedanken, Klassendünkel und tausenderlei Vorurteile zersetzt
- die zahlreichen Parteien schmarotzend aufzuschießen und zu wuchern vermochten
- Deutschland [...] geschieden ist in den feindlichen Gegensatz zwischen Intelligenz und Handarbeitsberufen

● *Unterstreichen Sie nun alle Stellen zum „Dritten Reich", vor allem wo Wertungen auffallen.*

Ⓛ
- Mut zum persönlichen Einsatz und zum Einstehen für gefassten Entschluss
- die Hitlerbewegung in den Kampf getreten, gelenkt durch den Führergedanken
- Nicht die Mehrheit, sondern die verantwortungsbewusste Persönlichkeit allein darf regieren.
- Nicht die Abstimmung kann die Entschlüsse hervorbringen, der Führer selbst muss unter dem
  Einsatz seiner Person sich entschließen und handeln.
- die befreienden Erkenntnisse der Rassen- und Vererbungslehre
- die Überzeugung, dass den Deutschen nicht nur Sprache und Wohnsitz, sondern auch das Blut
  und seine ererbte Eigenart ausmache
- dass somit nie ein Jude Volksgenosse sein könne
- kämpfte [...] für den deutschen Volksstaat an Stelle des dynastischen Staates der Vorkriegszeit
  und des Parlamentsstaats der Revolution
- gediegenen Gesetzesarbeit Dr. Fricks zur Wiederherstellung des Berufsbeamtentums
- Reich von den fremdrassigen Parasiten gesäubert
- Front der Schaffenden, wo jeder, der ehrlich seine Hände regt, um dieser Arbeit willen die gebührende Ehre erhält
- in echter Volksgemeinschaft die einen die andern als erforderlich und mitstrebend achten.

● *Fassen Sie nun das Ergebnis Ihrer Textarbeit zusammen. Sie könnten von einer Gegenüberstellung der rhetorischen Auf- und Abwertungen im Text ausgehen: Glorifizierung der „Hitlerbewegung" und des „Dritten Reiches", Diffamierung der Weimarer Republik.*

Ⓛ ...... Vokabular der Diffamierung (Pejorative) zur Weimarer Republik
„persönlichen Einsatz [...] verkümmern lassen", „Regime der Novemberparteien",
„das Ungefähr der Sprache", Juden als „fremdrassige Parasiten" in Ministerposten und entscheidenden wirtschaftlichen und kulturellen Stellen, Deutschland „jüdischer Kontrolle ausgeliefert", frühere Zeit hatte „Deutschland zersetzt", „Parteien schmarotzend aufschießen und zu wuchern vermochten", „feindlicher Gegensatz zwischen Intelligenz und Handarbeitsberufen"

durchgängiges Prinzip hier:
Abwertung der politischen Einrichtungen des Parlamentarismus (Parteien, Mehrheitsentscheid), des Gleichheitsprinzips, der demokratischen Revolution 1919

Vokabular der Glorifizierung (Euphemismen) zum Dritten Reich

„Hitlerbewegung in den Kampf getreten", „Führergedanke", „verantwortungsbewusste Persönlichkeit", „Führer unter Einsatz seiner Person", „befreiende Erkenntnisse der Rassen- und Vererbungslehre", Prägung der Deutschen durch „Blut und ererbte Eigenart", „Volksgenosse", „deutscher Volksstaat", „gediegene Gesetzesarbeit", „Wiederherstellung des Berufsbeamtentums", „von fremdrassigen Parasiten gesäubert", „Front der Schaffenden", „ehrlich", „gebührende Ehre", „echte Volksgemeinschaft"

durchgängiges Prinzip hier:
Aufwertung bis Verherrlichung von Selbstverständlichkeiten (Ehrung der Arbeit, des Leistungsprinzips), Glorifizierung politischer Arbeit („in den Kampf getreten"), der Diktatur („Führergedanke"), des Rassismus („befreiende Erkenntnisse"), des Mitbürgers („Volksgenosse"), des rassisch-homogenen Staats („deutscher Volksstaat"), der Amtsenthebung jüdischer und sozialdemokratischer Beamter („gediegene Gesetzesarbeit, „Wiederherstellung des Berufsbeamtentums"), Gesellschaft als Solidargemeinschaft („echte Volksgemeinschaft")

Aufgabe 1.3

● *Fassen Sie hier Ihre Arbeitsergebnisse aus den vorhergehenden Aufgaben zusammen.*

Ⓛ ...... Gesichtspunkte für eine zusammenfassende Wertung Suchenwirths:
 – Vorherrschen von Wertungen vor Fakten, Demonstration von Gesinnung statt kritischer Reflexion
 – Distanzlosigkeit zum Gegenstand: keine Unterscheidung von Beschreibung und Wertung, damit Identifikation mit dem Gegenstand, in diesem Fall der nationalsozialistischen Weltanschauung und dem Aufbau der NS-Diktatur und ihres Rassismus
also: ideologische Geschichtsschreibung, Hagiographie des NS-Staates, Musterbeispiel einer nationalsozialistischen Geschichtsschreibung

Aufgabe 2

● *Gehen Sie noch einmal Text und Ihre Notizen durch, erinnern Sie sich an die Darstellung der Theorie des Nationalsozialismus und wählen Sie vier entsprechende Begriffe aus.*

Ⓛ Mögliches Ergebnis:

Führergedanke, Rassenlehre, deutscher Volksstaat, Volksgemeinschaft

● *Halten Sie die Gegenbegriffe zu diesen NS-Zentralbegriffen fest und definieren Sie nun diese Begriffe.*

Ⓛ Führergedanke
gegen parlamentarisch-demokratisches Mehrheitsprinzip
– charismatischer politischer Führer als Repräsentant des Volkswillens
– starker Mann mit militärisch-hierarchischer Ordnung unter sich
– Führer als Spitze eines diktatorischen staates: Befehlsstruktur, Gehorsam
Rassenlehre
gegen Aufklärungsidee von der politischen Gleichheit aller Menschen
– gemäß Sozialdarwinismus: Hierarchie der menschlichen Rassen
– „Lichtvölker": Arier (Germanen); Minderwertige: Schwarze, Juden
– Rassenkampf: jüdische Weltverschwörung gegen arische Völker/Staaten
– für Überleben der höheren Rasse: Zucht- und Ausleseprogramm
Volksstaat
gegen Monarchie und Parlamentarismus
– rassistischer Staat von Bürgern „deutschen Blutes" („Mein Kampf")
– Ausschluss „fremdrassigen Parasiten", „schmarotzenden Parteien"
Volksgemeinschaft
gegen Klassenkampf und Standesdünkel, Parteienstreit und Eigennutz
– Aufwertung der Handarbeit, Abbau von Geburts- und Erbvorteilen
– statt wirtschaftlicher/sozialer Verteilungskämpfe: Leistungsgemeinschaft
– Volk als Solidargemeinschaft bei Ausgrenzung „Artfremder"

Aufgabe 3

● *Versuchen Sie sich bei dieser Aufgabe unbedingt auf Hauptgesichtspunkte zu beschränken, also suchen Sie in den Großbereichen Politik, Wirtschaft, Gesellschaft nach den Hauptursachen.*

Ⓛ Hauptfaktoren:
– Dauerkrise seit 1930 (hilflose Präsidialkabinette, Bürgerkriegsstimmung)
– Republikfeinde: Parlamentarismus-/Demokratiefeinde wie DNVP, NSDAP, KPD; Antimarxisten und Monarchisten, Hitlerbewegung (Wahlerfolge seit 1930, massenwirksame Propaganda)
– Wirtschaftskrise: verzweifelte Arbeitslose (6 Mio.), Inflations-/Krisenopfer im Mittelstand, verschuldete Bauern
– Demokratieschwäche: schwacher Reichstag, Diktaturmöglichkeit der Weimarer Reichsverfassung, Ende des Verfassungskompromisses 1930

Aufgabe 4

● *Klären sie hier zuerst, welches die Bestimmungen waren, die in der Weimarer Reichsverfassung (WRV) eine legale Diktatur durch ihr Zusammenspiel ermöglichten, bevor Sie an die Erörterung gehen.*

Ⓛ⋯⋯ Möglichkeit der Diktatur des Reichspräsidenten in der WRV („Ersatzkaiser"):
　– Zusammenspiel von
　　Art. 25: Auflösung des Reichstages,
　　Art. 53: Ernennung/Entlassung des Reichskanzlers,
　　Art. 48: Notverordnungen des Reichspräsidenten
　– ist der Reichstag aufgelöst, kann der Reichskanzler mit Hilfe von Notverordnungen des Reichspräsidenten Regierung und Gesetzgebung in sich vereinigen = Diktatur – einziges Mittel dagegen: Misstrauensvotum des Parlaments gegen den Reichkanzler, das ist allerdings nur möglich vor der Auflösung des Reichstages, die nach Art. 54 jederzeit aus verschiedenen Gründen von Reichspräsidenten ausgesprochen werden konnte

Sinn:
　– Für Hugo Preuß, den Vater der WRV, wie für die Verfassungsväter allgemein die Möglichkeit in Notlagen schnelle und wirksame Entscheidungen treffen zu können, auch wenn im Parlament unklare Verhältnisse herrschen sollten – so wie im Krisenjahr 1923 erfolgreich von Stresemann als Kanzler praktiziert
　　Voraussetzung allerdings: Konsens der Demokraten, Entschlossenheit gegen missbräuchlichen Einsatz der Instrumentarien

Problem und Gefahr:
　– Inflationärer Einsatz des Instrumentariums in der Zeit der Präsidialdiktaturen zerstört die Sensibilität für die Gefahren
　– Entschlossenheit von Verfassungsfeinden wie den Nationalsozialisten (als erklärte Parlaments- und Demokratiefeinde) von den Verfassungsvätern nicht vorhergesehen
　– Wenn Verfassungsfeinde die Parlamentsmehrheit besitzen, können sie aufgrund der WRV legal ihren Kernbereich außer Kraft setzen

3 Erschließung von Bildquellen

3.1 Flugblatt / Politische Grafik

Themenbereich: Verfassungsgeschichte des 18. und 19. Jahrhunderts

1.1 *Beschreiben Sie Bild 1, deuten Sie das Personal und bestimmen Sie die dargestellte historische Situation* (10 BE)

1.2 *Fassen Sie die Botschaft von Bild 1 zusammen und vergleichen Sie diese mit Bild 2.* (10 BE)

1.3 *Erklären Sie die Unterschiede in der Interpretation der Situation in Bild 1 und 2.* (10 BE)

1.4 *Beurteilen Sie den Quellenwert der beiden historischen Bilder.* (10 BE)

2. *Fassen Sie die vier Revolutionen des Jahre 1789 in einer knappen Übersicht zusammen.* (10 BE)

3. *Überlegen Sie, welche Errungenschaften der Französischen Revolution für die deutsche Politik im 19. Jahrhundert vorbildlich wurden. Begründen Sie Ihren Katalog mit je einem Beispiel.* (10 BE)

Das Erwachen des Dritten
Standes. Anonymer kolorierter
Kupferstich, 1789

Die Bedeutung des Ballhaus-
schwures. Anonymer kolorierter
Kupferstich, 1789

Aufgabenstellung verstehen

● *Setzen Sie sich zunächst mit der Aufgabenstellung auseinander, bestimmen Sie den Anforderungsbereich der Aufgaben 1–6 und beachten Sie die erreichbaren Bewertungseinheiten (insges. 60 BE).*

L
Aufgabe 1.1	Beschreiben:	Anforderungsbereich	I:	6 BE,
	deuten	Anforderungsbereich	II:	2 BE,
	bestimmen	Anforderungsbereich	II:	2 BE
Aufgabe 1.2	Zusammenfassen	Anforderungsbereich	I:	2 BE
	Vergleichen	Anforderungsbereich	III:	8 BE
Aufgabe 1.3	Erklären	Anforderungsbereich	II:	10 BE
Aufgabe 1.4	Beurteilen	Anforderungsbereich	III:	10 BE
Aufgabe 2	Zusammenfassen	Anforderungsbereich	I:	10 BE
Aufgabe 3	Überlegen	Anforderungsbereich	II:	5 BE
	Begründen	Anforderungsbereich	III:	5 BE

● *Lesen Sie jetzt die Aufgaben genau und unterstreichen Sie dabei die Kernbegriffe.*

L
Aufgabe 1.1	Bild 1: Personal, historische Situation
Aufgabe 1.2	Botschaft Bild 1 im Vergleich zu Bild 2
Aufgabe 1.3	Interpretationsunterschiede zu 1789 erklären
Aufgabe 1.4	Quellenwert Bild 1 und 2 beurteilen
Aufgabe 2	vier Revolutionen 1789
Aufgabe 3	Errungenschaften der Französischen Revolution, Vorbild für Deutschland

● *Betrachten Sie nun die beiden Grafiken aufmerksam. Halten Sie Ihren ersten Eindruck bereits schriftlich fest.*

Lösungsschritte

Aufgabe 1.1

● *Diese Aufgabe verlangt nicht nur differenzierte historische Kenntnisse von Ihnen, sondern auch die Fähigkeit mit Bildern und ihrer Beschreibung umgehen zu können.*
Bild 1 arbeitet mit Vorder- und Hintergrund. Gliedern Sie danach Ihre Bildbeschreibung und gehen Sie in allen Aufgabenteilen systematisch vor und machen Sie sich zunächst Notizen.

L
Vordergrund: drei Personen
- links stehend: Mann mit hohem schwarzem Zweispitz, einem grünen Frack mit rotem Futter und goldenen Knopflöchern, weißer Weste, weißen Kniehosen und weißen Kniestrümpfen und einem Degen an der Seite in Abwehrhaltung: Körper- und Armhaltung verdeutlichen ebenso wie der Gesichtsausdruck Entsetzen und Abwehr gegenüber der Person am Boden.
- dahinter zur Mitte versetzt stehend: Mann in einer schwarzen Soutane mit Bäffchen und Priesterkäppi, ebenso wie die Gestalt neben ihm in entsetzter Abwehrhaltung gegen die Person am Boden

(L) – am Boden liegend: Person in roter Jacke, lindgrünen Kniehosen, weißen Kniestrümpfen und einem Zweispitz mit blau-weiß-roter Kokarde, die mit der rechten Hand ein Paar Handfesseln von sich stößt und mit der linken aus einem Sortiment von Waffen eine Flinte greift. Sein Gesicht zeigt den Ausdruck wilder Entschlossenheit.

Hintergrund:
– beschädigte Burg, an deren Zinnen bereits mit dem Abriss begonnen wird
– Marschkolonne (Karree) uniformierter Lanzenträger, die von der Burg abziehen und die zwei abgeschlagene Köpfe auf den Lanzenspitzen trägt

Deutung Personal:
– linke Person: Zweispitz, Frack, Kniehosen (frz. culottes) und Degen weisen die Gestalt als Adligen aus, also einen Repräsentanten des Zweiten Standes
– mittlere Person: Soutane, Bäffchen, Priesterkäppi kennzeichnen den Geistlichen, also den Repräsentanten des Ersten Standes
– am Boden liegende Person: Zweispitz mit blau-weiß-roter Kokarde, die einfache Jacke, die grünen Kniehosen weisen die Person als zum Bürgertum, dem Dritten Stand gehörig aus, die Kokarde zeigt seine Zugehörigkeit zur revolutionären Bewegung der Generalstände bzw. von Paris

Historische Situation:
– nach dem Sturm auf die Bastille am 14. Juli 1789 (Hintergrund)
– Verhältnis der Stände nach der Revolution des Volks von Paris
Aufgrund dieser Vorarbeiten können Sie nun zusammenhängend formulieren. Dabei sind Sie nicht an ein starres Schema gebunden, sollten aber darauf achten, die Vorarbeiten vollständig zu verwerten.

Aufgabe 1.2

Diese Aufgabe ist zweigeteilt. Es wird erstens eine Abstraktionsleistung aus Aufgabe 1.1 verlangt, sodann ist diese mit dem Ergebnis einer neuen Bildanalyse zu vergleichen. Unterschätzen Sie diesen zweiten Aufgabenteil nicht. Er verlangt wie 1.1 eine genaue Bildbeschreibung und -deutung. Untersuchen Sie deshalb Bild 2 genauso systematisch wie Bild 1 in Aufgabe 1.1.

(L) Botschaft von Bild 1
In Bild 1 kommt in der Erhebung des Dritten Standes der vorrevolutonäre Gegensatz zwischen den Ständen in Frankreich zum Ausdruck. Die Erhebung des Bürgertums ist eine Gefahr für Geistlichkeit und Adel, beide müssen den Dritten Stand fürchten. Der Hintergrund mit den abgeschlagenen Köpfen auf den Piken ist dafür eine drastische Warnung.

Bild 2:
zweigeteilter Aufbau: Bild und Text
Bild: drei Personen freigestellt (ohne Hintergrund) um einen Amboss gruppiert, auf dem ein großer Foliant liegt, der von den Personen mit Feuereifer abwechselnd mit Hämmern bearbeitet wird

Ⓛ······ linke Person: Mann mit schwarzem Zweispitz, einem rotgefütterten blauen Frack, weißen Kniehosen und -strümpfen und Degen an der Seite
mittlere Person: hemdsärmlige und barhäuptige Figur, die so etwas wie einen Lederschurz trägt
und sehr muskulöse Arme besitzt; neben seinem Hammer, der gerade den Folianten trifft, ist der
Buchtitel erkennbar: „Nouvelle Constitution", also „Neue Verfassung".
rechte Person: schwarz gewandete Gestalt mit Geistlichenkäppi auf dem weißen Haar (Perücke),
violett-schwarze Jacke, Bäffchen über der violett-schwarzen Weste, schwarz-violette Kniehosen
und -strümpfe sowie ein drei Viertel langer gleichfarbiger Umhang

Text: „bald bald bald / schmiedet heiß / bald bald bald / guten Mut / man muss Herz bei der Arbeit haben."

Deutung aus Zusammenspiel von Bild und Text:
Linke Person repräsentiert den Adelsstand, die mittlere den Bürgerstand, die rechte den Klerus;
damit: Verdeutlichung der Zusammenarbeit der drei Stände, die in den Generalständen in
Versailles sich zur Patriotenpartei vereint haben; sie arbeiten gemeinsam am Reformwerk des
revolutionären Frankreich, der Verfassung, die in Form der „Erklärung der Menschen- und Bürgerrechte" am 26. August 1789 verabschiedet wurde

Die zusammenhängende Bildbeschreibung und -deutung könnte folgendermaßen lauten:
Bildbeschreibung:
Um einen Amboss in der Bildmitte setzen drei Gestalten ihre Hämmer mit Feuereifer ins Werk.
Links im Bild schwingt ein Adliger seinen Hammer über dem Kopf, auf dem er einen schwarzen
Zweispitz trägt; gekleidet ist er mit einem rotgefütterten blauen Frack, weißen Kniehosen und
-strümpfen, sein Degen hängt ihm an der Seite. Er zielt mit seinem Hammer auf einen mächtigen
Folianten, der auf dem Amboss liegt. Auf diesen lässt gerade die mittlere hemdsärmlige und bar-
häuptige Figur ihren Hammer sausen, die so etwas wie einen Lederschurz trägt und sehr mus-
kulöse Arme besitzt. Wo der Hammer den Folianten trifft, ist der Buchtitel erkennbar: „Nouvelle
Constitution", also „Neue Verfassung". Sie zu schmieden trägt auch die dritte schwarz gewandete Gestalt bei, die bei allem handwerklichen Eifer eindeutig als Geistlicher zu erkennen ist: Geist-
lichenkäppi auf dem weißen Haar, violett-schwarze Jacke, Bäffchen über der violett-schwarzen
Weste, schwarz-violette Kniehosen und -strümpfe sowie ein drei Viertel langer gleichfarbiger
Umhang. Die Bildunterschrift lautet: „bald bald bald / schmiedet heiß / bald bald bald / guten
Mut / man muss Herz bei der Arbeit haben".

Deutung:
Die Druckgrafik bringt das revolutionäre Werk der neu gegründeten Nationalversammlung von
Versailles im Sommer 1789 zum Ausdruck, das durch die Überwindung der Standesegoismen be-
gründet wird und in einer Neudefinition der Landespolitik durch die Generalstände besteht. An-
getreten um den Staatsbankrott abzuwenden und die Macht des Königs zu beschränken, defi-
niert sich die Mehrheit der französischen Stände als Nation (17.6.1789) und nimmt die Geschicke
des Landes in ihre eigenen Hände. Als Rahmen ihrer Tätigkeit arbeitet sie eine Verfassung für
Frankreich aus, und zwar nach amerikanischem Vorbild und im Geiste der englischen (unge-
schriebenen) Verfassung: Das Steuerbewilligungsrecht als Königsrecht des Parlamentes nimmt
sie dabei gleichzeitig für sich in Anspruch. Konkret wird die Verfassungsarbeit zunächst in der
Abschaffung der Feudalrechte am 4. August und in der „Erklärung der Menschen- und Bürger-

Ⓛ rechte" vom 26. August 1789, in der die alten Standesvorrechte abgeschafft und der Gleichheits-
grundsatz und die Naturrechte durchgesetzt werden. Zwei Jahre später folgt dann die Einführung der konstitutionellen Monarchie in Frankreich mit Gewaltenteilung, Zensuswahlrecht
und Dezentralisierung. Auch dies noch ein Kompromiss zwischen den reformbereiten Teilen der
Stände in der verfassunggebenden Nationalversammlung.

● *Beim Vergleich sollten Sie darauf achten, dass Sie nicht lediglich zwei unverbundene Teile nebeneinander stellen. Sie müssen vielmehr nach Vergleichsgesichtspunkten suchen und dann nach Gemeinsamkeiten und Unterschieden sortieren.*

Ⓛ

	Bild 1	Bild 2
gemeinsam	– politische Situation des Jahres 1789 in Frankreich	
	– zentrales Interesse am Verhalten der drei Stände, repräsentiert in ihren Personifikationen	
	– plakative Botschaft in einer komplexen revolutionären Lage	
unterschiedliche		
Adressaten	alle Bevölkerungsgruppen, auch Analphabeten	Lesefähige bevorzugt
Bezugspunkt	Juli-Vorgänge in Paris	Reformarbeit allgemein, Ausrichtung an Generalständen in Versailles
Botschaft	Gegensätze zwischen den Ständen entscheidend, Kampf des Dritten Standes gegen Adel und Geistlichkeit Betonung der Gewalt	Zusammenarbeit der Stände beim Gelingen des Verfassungs- werkes zentral Überwindung der Standes- egoismen

Aufgabe 1.3

● *Hier wird die eigentliche Abstraktionsleistung von Ihnen erwartet. Sie müssen den Standpunkt des Autors und sein anvisiertes Publikum in Bezug zur revolutionären Lage in Frankreich 1789 setzen und eine
differenzierte Sachkunde beweisen.*

Ⓛ Bild 1 will einen Gegensatz von aufständischem Volk von Paris bzw. Drittem Stand und den traditionell herrschenden Ständen verdeutlichen, etwa nach dem Muster: Der Unterdrückte beendet
endlich eine gigantische Unrechtssituation und wirft seine Ketten ab. Er setzt sich zur Wehr und
es sind ihm alle Mittel recht zur Beseitigung des Unrechts. Das versetzt Adel und Geistlichkeit in
Panik.
Bild 1 steht demnach in der Tradition der Streitschrift des Abbé Sieyès „Was ist der Dritte Stand?"
und kennzeichnet die Situation vor der Einberufung der Nationalversammlung und vor dem Ball-
hausschwur.
Dagegen bietet Bild 2 die Sicht der gleichzeitig in Versailles tagenden Nationalversammlung, wo
Reformadel, niedrige Geistlichkeit und Reformbürgertum die Einheit der Nation herstellen wol-
len und die revolutionären Beschlüsse des Jahres 1789 verantworten. Deren Bestreben kommt in
Bild 2 im gemeinsamen Schmiedeakt zum Ausdruck. Seit ihrer Konstitution als Nationalversammlung am 17. Juni 1789 und dem Ballhaussschwur vom 20. Juni ist für die revolutionären Teile

Ⓛ ┄┄ der Generalstände die Überwindung der Standesgrenzen und die gemeinsame Arbeit an der Verfassung kennzeichnend und bestimmt für sie die revolutionäre Situation. Einheit der Stände und Mehrheitsprinzip sind die Kennzeichen der neuen französischen Nation von 1789.

Aufgabe 1.4

● *Erinnern Sie sich an die Grundlagen der Quellenkritik (Autor, Medium, sei es Textsorte, sei es Bildgattung, Adressat, Intention) und gliedern Sie danach Ihre Lösung.*

Ⓛ ┄┄ Bild 1
Autor: Parteigänger der Revolution des Volkes von Paris im Juli 1789
Medium: Flugblatt, textfreie Bildsprache
Adressat: alle Bevölkerungsgruppen, auch Illiteraten, Volk von Paris
Intention: Sympathiewerbung für die Aufständischen des Dritten Standes

Bild 2
Autor: Anhänger der Patriotenpartei
Medium: textgestütztes grafisches Flugblatt
Adressat: bevorzugt Lesefähige, nicht auf Paris beschränkt,
Interessenten am Verfassungswerk von Versailles
Intention: Nationbildung über Ausbildung gemeinsamer Normen für alle Stände

Fazit:
Im Bild 1 könnte die Sicht des aufständischen Volkes von Paris wiedergegeben sein, in Bild 2 kommt eher die Position des revolutionären Dritten Standes in Versailles zum Ausdruck. Das schlägt sich nicht nur in der Bildersprache nieder, sondern auch im Medium: Bild 1 ist augenscheinlich eine politische Information für Analphabeten, wie die städtischen Massen in Paris oder die Bauern auf dem Land. Es verzichtet gänzlich auf Textelemente und ist in seiner Bildersprache extrem plakativ und deshalb eindrucksvoll. Es ist ein Flugblatt von Zeitungswert für Illiteraten, die die Mehrheit der Bevölkerung von Paris bilden und die am Juli-Geschehen vor allem ihr Sieg über verhasste Repräsentanten des vorrevolutionären Frankreich, Geistlichkeit und Adel, interessiert.

Bild 2 bietet in seinem Text einen Kommentar zum Bild und lenkt damit Aufmerksamkeit, bietet höhere Differenzierungsmöglichkeiten. Es widmet sich einem abstrakten politischen Vorgang, der außerhalb von Paris bei den Generalständen von Versailles stattfindet, dem sicher nicht die Hauptaufmerksamkeit der pariser Sansculotten in ihrer Hungerrevolte oder der von den Ereignissen in Paris erschreckten Bauern gilt. Bild 2 wendet sich ersichtlich an ein bürgerliches Publikum.

Aufgabe 2

● *Diese Aufgabe ist eine typische Reproduktionsaufgabe. Sie sollen hier kurz Ihre Kenntnisse wiedergeben und sich auf vier Zentralereignisse konzentrieren.*

(L) ..... 1. Revolte der Deputierten im Mai/Juni 1789
Patriotenpartei (Bürgertum, niedere Geistlichkeit und Reformadel in den Generalständen) in Versailles führt Nationalversammlung, Mehrheitsprinzip und Steuerbewilligungsrecht ein
2. Revolution des Volkes von Paris am 14. Juli 1789
Handwerker, Bürger und Reformadel brechen Gewaltmonopol und Zentralismus des Königs und führen Bürgermiliz und autonome Stadtverwaltung (Kontrolle über Polizei, Justiz) in Paris ein
3. Bauernrevolution auf dem Land im Juli/August
Bauern stürmen Adelssitze, Nationalversammlung schafft Frondienst und Privilegien ab, beschließt Menschen- und Bürgerrechte für männliche Franzosen
4. Revolution der Marktfrauen von Paris
Zug der Frauen nach Versailles bricht Reformwiderstand des Königs: Anerkennung der Augustdekrete und der Menschenrechte; Gleichheitsbewusstsein der Frauen

Aufgabe 3

● *Die Aufgabe verlangt zunächst von Ihnen die Abstraktionsleistung, welche der zahlreichen Neuerungen der Französischen Revolution von 1789–1799 als „Errungenschaften" bewertet werden können. Der zweite Aufgabenteil hilft Ihnen dabei, indem er das Stichwort „vorbildlich" gibt. So können Sie auch aus der Auseinandersetzung im Deutschland des 19. Jahrhunderts erschließen, was in der Französischen Revolution wirksam für andere und spätere wurde.*

(L) .....

Errungenschaften der Franz. Revolution	Vorbild für Deutschland
– statt Feudalismus:	
Bauernbefreiung, Eigentum am Boden	Bayern 1803/1848, Preußen 1809
– statt Absolutismus:	
Volksvertretung, Wahl der Legislative,	Baden 1816, Bayern 1818, Württemberg 1819,
Preußen 1848, Norddeutscher Bund 1867,	
Deutsches Reich 1871	
Grundrechte, Verfassung,	Bayern 1808, Baden 1816
Trennung von Kirche und Staat,	Montgelas' Reformen in Bayern 1802 ff.
autonome Gemeinden,	Bayer. Gemeindeverwaltung 1803
Gewerbefreiheit	Preußen 1809
kurz: Herrschaft des Bürgertums	
– statt Adelsprivilegien:	
Leistungsprinzip,	Montgelas' Reformen in Bayern 1802ff.
allgemeiner Zugang zu den Ämtern,	Steins Reformen in Preußen 1808
Volksheer	Befreiungskriege, Landwehr in Preußen
Kurz: Wettbewerb	
– statt Internationalismus des Adels:	
Nationalismus, nationale Symbole	Nationalbewegung im Gefolge der Befreiungskriege, Versuch der Nationalsstaatsgründung 1848, Deutsches Reich 1871

3.2 Karikatur

Themenbereich: Internationale Politik vor dem Ersten Weltkrieg

1.   *Beschreiben und deuten Sie die beiden Bilder im Hinblick auf die deutsche und internationale Politik 1888 und 1890. (10 BE)*

2.1 *Nennen Sie die Grundgedanken der Bismarckschen Bündnispolitik. (10 BE)*

2.2 *Vergleichen Sie Bismarcks Bündnissystem von 1890 mit Wilhelms II. Bündnissystem von 1913. (10 BE)*

2.3 *Erklären Sie die Veränderungen unter besonderer Berücksichtigung der deutsch-englischen Beziehungen. (10 BE)*

3.1 *Stellen Sie die Juli-Krise 1914 in übersichtlicher Form dar. (10 BE)*

3.2 *Erörtern Sie am Beispiel der Juli-Krise 1914 traditionelle Mittel der Friedenssicherung des 19. Jahrhunderts und beurteilen die Notwendigkeit ihres Scheiterns. (10 BE)*

„Dädalus warnt Ikarus", Karikatur in der englischen satirischen Zeitschrift „Punch" vom Oktober 1888

„Der Lotse geht von Bord", Karikatur in der englischen
satirischen Zeitschrift „Punch" vom März 1890

Aufgabenstellung verstehen

● Setzen Sie sich zunächst mit der Aufgabenstellung auseinander, bestimmen Sie den Anforderungsbereich der Aufgaben 1–6 und beachten Sie die erreichbaren Bewertungseinheiten (insges. 60 BE).

Ⓛ

Aufgabe 1.1	Beschreiben:	Anforderungsbereich	I:	6 BE,
	deuten	Anforderungsbereich	II:	4 BE,
Aufgabe 2.1	Nennen	Anforderungsbereich	I:	10 BE
Aufgabe 2.2	Vergleichen	Anforderungsbereich	III:	10 BE
Aufgabe 2.3	Erklären	Anforderungsbereich	II:	10 BE
Aufgabe 3.1	Darstellen	Anforderungsbereich	I:	6 BE
	übersichtliche Form	Anforderungsbereich	II:	4 BE
Aufgabe 3.2	Erörtern	Anforderungsbereich	III:	5 BE
	Beurteilen	Anforderungsbereich	III:	5 BE

● Lesen Sie jetzt die Aufgaben genau und unterstreichen Sie dabei die Kernbegriffe.

Ⓛ
Aufgabe 1   Bild 1 und 2: deutsche und internationale Politik 1888 und 1890
Aufgabe 2.1   Grundgedanken Bismarckscher Bündnispolitik
Aufgabe 2.2   Bismarcks und Wilhelms II. Bündnissystem
Aufgabe 2.3   Veränderung der deutsch-englischen Beziehungen (1890–1913)
Aufgabe 3   Juli-Krise 1914
Aufgabe 4   Mittel der Friedenssicherung des 19. Jahrhunderts 1914;
                Notwendigkeit des Scheiterns der Friedenssicherung 1914

● Betrachten Sie nun die beiden Grafiken. Notieren Sie Ihren ersten Eindruck.

Lösungsschritte

Aufgabe 1

● Zur Bildbeschreibung beachten Sie bitte die Hinweise in „Teil A: Bildquellen". Machen Sie sich konsequent möglichst genaue Notizen und formulieren Sie erst dann die zusammenhängende Beschreibung. Setzen Sie die Deutung deutlich von der Beschreibung ab. Nachfolgend sehen Sie Vorschläge zu den Notizen wie zur zusammenhängenden Beschreibung von Bild 1 und 2.

Ⓛ
Bild 1
Notizen zur Beschreibung:
  – Hochformat, Radierung oder Stahlstich, Illustriertenabbildung im Stil des 19. Jh.
  – über einem unergründlichen Abgrund ragt eine ausgesetzte Felsnase ins Bild
  – auf der Felsnase zwei männliche Gestalten
  – die junge bildbeherrschende Gestalt: dem Betrachter zugewandt, in überstreckter Haltung die Arme nach oben gereckt, ein mächtiges Gefieder von den Armen bis zu den Beinen, das sie zum Vogelmenschen macht, zum Abflug bereit mit Seitenblick auf die zweite Gestalt

Ⓛ
- die alte Gestalt, vom Betrachter ab, dem Vogelmenschen zugewandt, und zwar in beschwörender Haltung, die Arme begütigend dem Vogelmenschen entgegengestreckt
- beide Gestalten in antiker Gewandung: der Vogelmensch römisch kurz, der alte mit Tunika
- bei beiden passt der Kopfschmuck nicht zum antiken Kostüm: der alte mit Pickelhaube, der junge mit deutscher Kaiserkrone; der alte mit Schnauzbart, der junge mit Wilhelm II.-Bart
- über dem Sonnenglanz hinter der jungen Flügelgestalt steht das Wort: CAESARISM
- Bildunterschrift: Dädalus warnt Ikarus

Notizen zur Deutung:
- Übertragung des antiken Mythos von Ikarus und Dadälus auf Wilhelm II. und Bismarck beim Regierungsantritt Wilhelms 1888
- Im Mythos: Dädalus hat, um von der Insel Kreta fliehen zu können, für sich undseinen Sohn Ikarus Flügel gebaut. Beim Flug stürzt sein Sohn aus mangelnder Vorsicht ab und stirbt.
- Warnung des „Punch": unerfahrener, eigenwilliger, junger Deutscher Kaiser verachtet den Rat seines erfahrenen alten Kanzlers Bismarck und droht zu scheitern

Die zusammenhängende Formulierung könnte folgendermaßen lauten:
Beschreibung:
Über einem Abgrund stehen zwei menschliche Gestalten auf einer Felsnase, die junge geflügelt mit hoch gereckten Armen zum Abflug bereit, die alte im Vordergrund ihr mit vorgestreckten Armen entgegengebeugt, offensichtlich zur Vorsicht mahnend .
Die Szene erinnert an den antiken Mythos von Ikarus und Dädalus (so auch die Bildunterschrift!). Dädalus hat, um von Kreta fliehen zu können, für sich und seinen Sohn Ikarus Flügel gebaut. Beim Flug stürzt sein Sohn aus mangelnder Vorsicht ab und stirbt. Im Gegensatz zu den antiken Gestalten trägt aber der Alte zur Toga eine Pickelhaube und einen Schnauzbart, der abflugbereite kurzgeschürzte junge Mann aber nebst einer deutschen Kaiserkrone das Bärtchen Wilhelms II. Im Sonnenglanz neben seinem Haupt ist das Wort „CAESARISM" (im Englischen: Herrsucht, Diktatur) erkennbar.
Deutung:
1888 stirbt Wilhelm I., unter dem Bismarck Reichsgründung und -stabilisierung in Europa erreicht hat. Nach dem überraschenden Tod Friedrichs III. kommt im Oktober 1888 dessen junger Sohn Wilhelm II. auf den deutschen Kaiserthron. Dieser ist ein Springinsfeld und Großsprech, der gerne ohne seinen erfahrenen und vorsichtigen alten Kanzler Bismarck Entscheidungen trifft („persönliches Regiment"). Die Karikatur stellt dieses Verhältnis gattungsgemäß (Karikatur: Überladung) heraus. Da eine englische satirische Zeitschrift dieses Bild veröffentlicht, dürfte die Außenpolitik Wilhelms II. dabei besonders im Blickfeld sein.

Bild 2
Notizen zur Beschreibung:
- Hochformat wie Bild 1, Stahlstich oder Radierung, Stil Illustrierte des 19. Jh.
- Blick auf die Bordwand eines großen Schiffes mit Bullauge und Fallreep (Leiter an der Bordwand); am Fuß der Leiter ein Beiboot
- auf dem Fallreep ein alter Seemann (Schiffermütze, feste Uniformjacke, Stulpenstiefel) steigt mit finsterer Miene zum Beiboot herab
- oben an der Reeling stützt sich ein junger Mann mit verschränkten Armen an der Bordwand auf und betrachtet mit unbewegter Miene den Abgang des Alten

(L) – der Alte trägt die Züge von Bismarck
– der junge Mann mit der Uniformjacke eines hohen Offiziers (Epauletten) neben der deutschen Kaiserkrone die Züge des jungen Wilhelm II.
– Bildunterschrift: „Der Lotse geht von Bord"

Notizen zur Deutung:
– symbolischer Vorgang: So wie ein Schiff nach Abgang des Lotsen allein auf die Fähigkeiten des
Kapitäns angewiesen ist, so das Deutsche Reich nach dem Rücktritt Bismarcks auf das
Geschick des jungen Kaisers Wilhelm II.

● *Nach dieser Vorarbeit könnte die Formulierung der Beschreibung und der Deutung etwa folgendermaßen lauten:*

(L) Beschreibung:
Auf dem Fallreep eines großen Schiffes steigt eine stämmige Schiffergestalt im vorgerückten Alter zum Beiboot hinab. Von oben, von der Reling aus, beobachtet ein schmächtiger junger Mann
mit ungerührter Miene den Abgang. Der junge Mann trägt die deutsche Kaiserkrone, einen Uni-
formrock mit metallenen Epauletten und das bekannte Bärtchen Wilhelms II., so wie die Schiffergestalt Schnauzbart und Gesichtszüge Bismarcks trägt. Die Bildunterschrift verdeutlicht den Bild-
inhalt: Der Lotse geht von Bord (im englischen Original schärfer: Dropping the pilot = Der Lotse
wird von Bord geschickt.), erklärt, dass mit dem Alten der Lotse das Schiff verlässt.

Deutung:
Der junge Kaiser Wilhelm II., der 1888 den Thron bestieg, und der greise Kanzler Bismarck hatten
ein gestörtes Verhältnis. Wegen politischer Differenzen bat Bismarck 1890 um seine Entlassung.
Die Bildunterschrift der britischen satirischen Zeitschrift ist wie die Zeichnung ein Kommentar zu
diesem Vorgang: Mit der Entlassung Bismarcks verliert das deutsche Staatsschiff seinen Naviga-
tor in schwierigen Gewässern. Es bleibt nur zu hoffen, dass der Kapitän nicht voreilig gehandelt
hat und tatsächlich selbst das Schiff sicher lenken kann.
Hintergrund des besorgten Untertones der Karikatur: Bismarck hatte eine umsichtige Politik der
Absicherung des Deutschen Reiches durch eine ausgleichende Politik in Europa geführt (von der
auch England profitierte), auch wenn ihm das von der deutschen Öffentlichkeit und vor allem
von Wilhelm nicht gedankt wurde. Wilhelm II. hatte sich gleich in seinen ersten Herrscherjahren
als Heißsporn einen Namen gemacht, was ihm in Deutschland allgemeine Anerkennung ein-
brachte. Die Karikatur hebt die Gefahren beim Regierungswechsel 1890 hervor, vor allem für die
deutsche Außenpolitik, von der England betroffen sein wird.

Aufgabe 2.1

● *„Nennen" signalisiert Ihnen in dieser Aufgabe, dass Sie sich mit einer Aufzählung begnügen können,
wie sie Sie sich im Unterricht oder in Ihrem Geschichtsbuch angeeignet haben.*

(L) Die Untersuchung der Bismarckschen Außenpolitik sollte als Ergebnis folgende Prinzipien an-
führen: Da nach der Reichsgründung ein Maximum für Preußen erreicht ist
– Friedenserhaltung als Garant für die Sicherheit Deutschlands;

(L)
- Verzicht auf Expansion, Deutschland erklärt sich für „saturiert";
- Gleichgewichts- und Vertragspolitik zum Zweck der Wahrung des Status quo;
- Verhandlungsdiplomatie und politisches Gewicht als Voraussetzung für außenpolitische Bewegungsfreiheit.

Daraus lassen sich u. a. als Ziele ableiten:
- vertragliche Bindung der europäischen Nachbarn an Deutschland;
- Isolation Frankreichs;
- Vermeidung eines Zweifrontenkriegs;
- Fixierung europäischer Konflikte auf Randlagen (z. B. Balkan)
- Bedeutung Deutschlands bei der Bewahrung des Friedens.

Aufgabe 2.2

Achten Sie beim Vergleich darauf, dass Sie nicht lediglich eine unverbundene Gegenüberstellung vorlegen, sondern nach selbstständig gewählten Vergleichsgesichtspunkten Gemeinsamkeiten und Unterschiede herausarbeiten.

(L)
Folgende Eckdaten sollten Ihrem Vergleich zugrunde liegen:

1890
Deutsches Reich mit folgenden europäischen Staaten in Defensivbündnissen:
Österreich: Zweibund seit 1879
Italien: Dreibund mit Österreich seit 1882
Rumänien: Beistandspakt 1883
Russland: Rückversicherungsvertrag 1887
England über das Mittelmeerabkommen 1887
Frankreich als Gegner Deutschlands ist isoliert, wird entgegenkommend behandelt.

1913
Deutsches Reich nach wie vor mit Österreich, Italien und Rumänien verbündet
aber neue Allianz der übrigen Großmächte:
Frankreich hat als neue Bündnispartner
- Russland (Militärabkommen 1892/92 nach Nicht-Verlängerung des Rückversicherungsvertrages)
- England (Entente cordiale 1904)
  England mit Russland 1907

Fazit:
Frankreich verbündet mit der stärksten See- und der stärksten Landmacht, Deutschland in Zweifrontenlage, abhängig von Österreich

Aufgabe 2.3

● *„Erklären" fordert von Ihnen die Herstellung von Ursache-Wirkungs-Zusammenhängen, die Heraus-*
stellung maßgeblicher Gründe.

Ⓛ⋯⋯ Hauptgesichtspunkte für die Ursachen der Veränderungen 1890–1914
Allgemein:
Eine auf Sicherheit angelegte kontinentale Außenpolitik entsprach nicht mehr dem imperialisti-
schen Ehrgeiz der Wilhelminischen Zeit.
Imperialistische Motive im Einzelnen:
– Anspruch auf Weltgeltung
– Demonstration der nationalen Stärke
– Steigerung des nationalen Selbstbewusstseins
– Streben nach einer „Politik der freien Hand"
– wirtschaftliche Expansion
Folge für Deutschland:
– fortschreitende Isolation
– der Kampf gegen einen vermeintlichen „Ring von Feinden" fördert deren Zusammenschluss.
– expansionistische deutsche Außenpolitik: z. B. Bagdad-Bahn; Kiautschou; Marokko
– Konsequenzen der Expansionspolitik unterschätzt (z.B. Flottenpolitik; Marokkopolitik).
– Spannungen durch unüberlegte diplomatische und militärische Aktionen
  (z.B. Krügerdepesche; „Panthersprung" nach Agadir)

Deutsch-englisches Verhältnis
– Wilhelm II. an guten Beziehungen zu Großbritannien interessiert
– wachsenden Verstimmungen durch diplomatische Ungeschicklichkeiten, Vertretung unterschiedlicher Standpunkte, deutsch-britische Flottenrivalität
Folge: Abschluss der Tripelentente durch England

Begrenzte Übereinkünfte als Belege für das Interesse an guten Beziehungen:
– Helgoland-Sansibar-Vertrag;
– deutsch-britisches Bagdadabkommen.
Belege für die wachsenden Verstimmungen:
– Krügerdepesche
– Daily-Telegraph-Affäre
– unterschiedliche Standpunkte in der „Annexionskrise" und der 1. Marokkokrise
– Scheitern der deutsch-britischen Bündnissondierungen wegen des geplanten Ausbaus der
  deutschen Kriegsflotte (Flottenverein 1898)
– weitere Verschärfung der Flottenrivalität in den Krisensituationen vor Kriegsausbruch.

Aufgabe 3.1

● *„Darstellen" heißt normalerweise schlicht reproduzieren, Gelerntes wiedergeben. Hier allerdings wird*
ausdrücklich eine geordnete Darstellung verlangt, was bei dieser komplexen historischen Situation ei-
ne Ordnung, ein Gliederungsprinzip verlangt. Ausgehend vom Attentat von Sarajewo könnte die Glie-
derung der Julikrise 1914 in Zeitabschnitten oder nach Sachaspekten erfolgen.

Ⓛ⋯ Mögliche Gliederung nach Zeitabschnitten:
– vom Attentat über die „Blankovollmacht" bis zum österreichischen Ultimatum an Serbien
– vom Ultimatum bis zum österreichisch-serbischen Krieg
– Ausweitung zum europäischen Krieg.

Mögliche Gliederung nach Sachaspekten:
– Eskalation des österreichisch-serbischen Konflikts und Ultimaten
– Vermittlungsversuche und Interventionen
– Mobilmachungen auf internationaler Ebene
– wechselseitige Kriegserklärunge
– deutscher Einmarsch in Belgien.

Aufgabe 3.2

● *Achtung: Diese Aufgabe ist eigentlich dreigeteilt. Bevor Sie an Erörterung und Beurteilung gehen können, müssen Sie klären, worin die „traditionellen Mittel der Friedenssicherung des 19. Jahrhunderts" bestehen. Notieren sie diese zuerst. Sie können sich dabei an Metternichs Prinzipien orientieren.*

Ⓛ⋯ Methoden der Krisenbewältigung des 19. Jahrhunderts:
– Kongresse und Verhandlungen zwischen Diplomaten im Rahmen der Kabinettspolitik
– Gleichgewichtspolitik als Grundvorstellung
– Solidarität der Großmächte

● *Bei der Erörterung sollten Sie die Chancen der traditionellen Friedenssicherung in der Julikrise ebenso untersuchen, wie die Gründe für ihr Scheitern.*

Ⓛ⋯ Grundlegend für das Scheitern der traditionellen Friedenssicherung ist ein veränderter außen-politischer Stil während der Spätphase des Imperialismus :
– Dynamik und Egoismen nationaler Bestrebungen
– einzelstaatliche Interessen
Ende der Gleichgewichtspolitik und der Solidarität der Großmächte

Erörterung folgender Gründe:
– Verbreitung nationalen Denkens in Europa
– Sprengkraft nationaler Bewegungen
– Hegemoniestreben einzelner Staaten statt Gleichgewicht der Großmächte
– Dominanz militärisch-strategischen Kalküls vor politischen Gesichtspunkten;
– Vorrang von Bündnismechanismen statt Solidarität der Großmächte
– Geringschätzung des möglichen Erfolgs diplomatischer Bemühungen;
– Fehlen eines allgemeinen Konsenses darüber, dass der Erhaltung des status quo Vorrang eingeräumt wird
– wachsende Kriegsbereitschaft

● *Bei Ihrer Beurteilung sollten Sie eine deutliche Gewichtung Ihrer Gründe erkennen lassen und stets auf die Qualität Ihrer Begründungen und Wertungen achten.*

3.3 Plakat

Themenbereich: Ende des Ersten Weltkrieges und Weimarer Republik

1. *Untersuchen und interpretieren Sie die beiden Plakate zur Wahl der Nationalversammlung im Januar 1919. Gehen Sie dabei auf die grafische Gestaltung und die Bildsprache ein. (15 BE)*

2. *Beschreiben und erklären Sie die unterschiedlichen Positionen von MSPD und KPD im Januar 1919 aus der Entwicklung seit 1917. (15 BE)*

3. *Skizzieren Sie die Entwicklung der SPD bis zum Ausbruch des Ersten Weltkriegs. (10 BE)*

4. *Beurteilen Sie die Chancen einer „Einheits-" oder „Volksfront"-Politik zur Abwehr der rechten Republikfeinde in der Weimarer Republik. (10 BE)*

5. *Erörtern Sie, ob die SED-Gründung der Idee der Einheit der deutschen Sozialisten entsprechen konnte. (10 BE)*

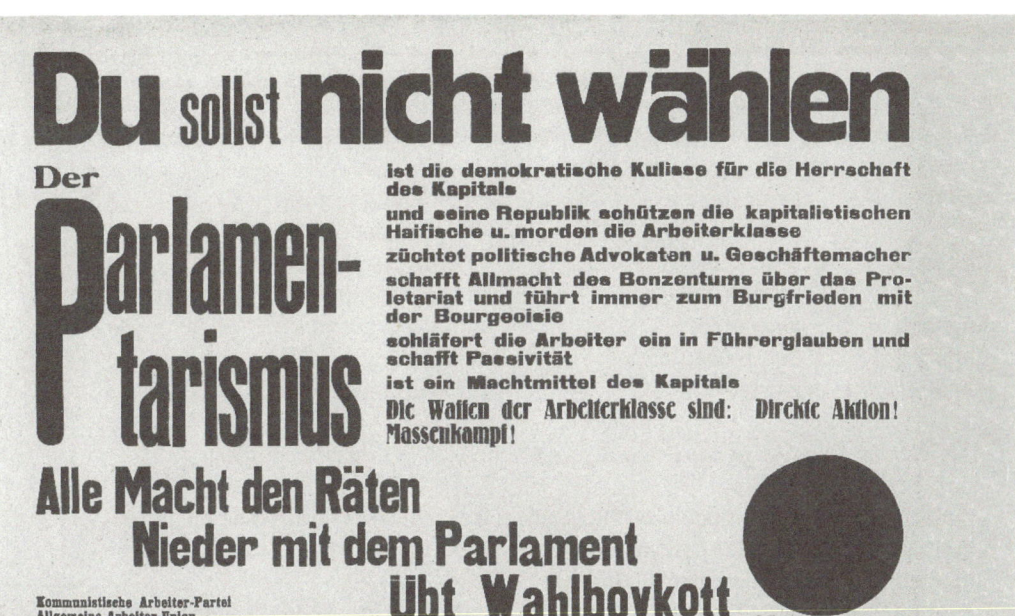

Plakat der KPD zur Wahl der Nationalversammlung im Januar 1919

Plakat der MSPD zur Wahl der Nationalversammlung im Januar 1919

Aufgabenstellung verstehen

● *Setzen Sie sich zunächst mit der Aufgabenstellung auseinander, bestimmen Sie den Anforderungsbereich der Aufgaben 1–5 und beachten Sie die erreichbaren Bewertungseinheiten (insges. 60 BE).*

Ⓛ

Aufgabe 1	Untersuchen	Anforderungsbereich	I:	8 BE
	Interpretieren	Anforderungsbereich	II:	7 BE
Aufgabe 2	Beschreiben	Anforderungsbereich	I:	7 BE
	Erklären	Anforderungsbereich	II:	8 BE
Aufgabe 3	Skizzieren	Anforderungsbereich	I:	10 BE
Aufgabe 4	Beurteilen	Anforderungsbereich	III:	10 BE
Aufgabe 5	Erörtern	Anforderungsbereich	III:	10 BE

● *Lesen Sie jetzt die Aufgaben genau und unterstreichen Sie dabei die Kernbegriffe.*

Ⓛ

Aufgabe 1	Interpretation der Wahlplakate einschließlich der grafischen Gestaltung
Aufgabe 2	MSPD-/KPD-Position 1919 aus Entwicklung seit 1917
Aufgabe 3	Entwicklung der SPD bis 1914
Aufgabe 4	Chancen Einheitsfrontpolitik zur Abwehr rechter Republikfeinde
Aufgabe 5	SED-Gründung als Einheit der Sozialisten?

● *Betrachten Sie nun die beiden Plakate aufmerksam. Halten Sie Ihren ersten Eindruck schriftlich fest.*

Lösungsschritte

Aufgabe 1

● *Machen Sie sich möglichst genaue Notizen und formulieren Sie erst dann die zusammenhängende Beschreibung. Setzen Sie die Deutung/Interpretation deutlich von der Beschreibung ab. Vergessen dabei Sie die grafische und Bildgestaltung nicht.*
Nachfolgend sehen Sie sowohl Vorschläge zu den Notizen wie zu einer zusammenhängenden Interpretation von Bild 1 und 2.

Ⓛ Bild 1
Notizen zur Beschreibung:
- Plakat im Querformat, rote Schrift auf hellbraunem Grund, nur Text in grafischer Aufteilung, moderne Groteske als Schrifttyp in unterschiedlichen Größen
- Kernbotschaft in größter Letter: Aufforderung zum Wahlboykott, dabei in Zeile 1 „Du [...] nicht wählen" noch durch Fettdruck verstärkt
- dann in Leserichtung unklare Fortsetzung des Textes: „Der Parlamentarismus" sticht durch Größe, nicht aber durch Lesbarkeit hervor (Trennung/Zeilensprung: Parlamen- / tarismus)
- beim Weiterlesen im Großtext: drei Parolen (Alle Macht den Räten, Nieder mit dem Parlament, Übt Wahlboykott)
- beim (mühevollen) Entziffern des Kleintextes rechts neben „Parlamentarismus": Begründung für den Aufruf durch Aufzählung:

Ⓛ········ Der Parlamentarismus
- *ist* „demokratische Kulisse" für Kapitalherrschaft
- *schützt* Kapitalisten, mordet Arbeiter
- *züchtet* politische Opportunisten
- *schafft* Allmacht von Parteifunktionären („Bonzen") und Frieden mit der Bourgeoisie
- *schläfert* Arbeiter ein
- *ist* Machtmittel des Kapitals
– als Alternative zu Parlament und Wahl: „Direkte Aktion! Massenkampf!" als „Waffen" der Arbeiterklasse
– als Urheber des Aufrufs ganz klein links unten: Kommunistische Arbeiterpartei, Allgemeine Arbeiter-Union

Adressat angeblich Arbeiterklasse, aufgrund des reinen Textgebrauchs und der Abstraktheit der Argumentation eher Facharbeiter und Intellektuelle als Zielgruppe

Interpretation:
Die in der Neujahrsnacht 1919 gegründete KPD ruft zum Boykott der für den 19. Januar vom Reichrätekongress im Dezember beschlossenen Nationalversammlung (zur Verabschiedung einer Verfassung und zur Wahl einer Reichsregierung) auf. Sie benutzt dabei dieselben Parolen wie Liebknecht beim Reichsrätekongress (16.–21.12.1918), die dort mehrheitlich abgelehnt wurden. Die Parlamentarismuskritik bewegt sich in der Tradition von Marx (Kritik des Gothaer Programms) und Lenin (Putsch = Oktoberrevolution 1917, Auflösung der Verfassungsgebenden Versammlung im Januar 1918) und spielt auf Kriegserfahrungen (Burgfrieden) wie die „Revolution von unten" im November 1918 an (direkte Aktion, Massenkampf). Dass sich die „Ermordung der Arbeiterklasse" bereits auf die Mordean Liebknecht und Luxemburg am 15. Januar 1919 bezieht, ist unwahrscheinlich, da das Plakat nicht erst vier Tage vor der Wahl erschienen sein dürfte. Vielmehr dürften die Opfer gemeint sein, die der Militäreinsatz der SPD-Regierung (Noske) gegen die Kämpfer des Spartakusaufstandes aus den Reihen der KPD und USPD zur Folge hatte.

Bild 2
Notizen zur Beschreibung:
– Plakat in Querformat, oranger Grund, Schrift in Rot, figürliche Darstellung überwiegend schwarz, Verbindung von Bild- und Textinformation
– Bildinformation: vom Vordergrund bis zum Horizont auf hügeligem Grund in stilisierter Form grafisch geschwungen abstrahiert (expressionistische Endphase!) Männer, einzeln und in Gruppen locker verteilt, barhäuptig, unterschiedlich gewandt, die Schwurhand hochgestreckt, z.T. sich bei Händen fassend, einheitlich dem Betrachter zugewandt und offenbar etwas rufend; Hintergrund, den Horizont bildend, Verdichtung der Menge zum schwarzen Massenband, darüber in expressionistischem Strahlenkranz die Sonne, umgeben von Wolken
– Textinformation: in die Wolken in großzügigem Schwung rhythmisiert eingebaut eine rote Schrift in Versalien: „Arbeiter Bürger Bauern Soldaten aller Stämme Deutschlands", Fortsetzung der Schrift am Boden des Vordergrunds in ähnlichen Schwüngen: „vereinigt euch zur Nationalversammlung"
– insgesamt optimistische Wirkung des Plakates (warme Farbgestaltung, weiche grafische Gestaltung: Schwünge), Botschaft: Einheit, Solidarität, Appell an Nationalgeist
– kein Hinweis auf Autor oder Auftraggeber

Wahlplakate

(L) Interpretation:

Als entschieden demokratische Partei war die SPD im Kaiserreich ein halbes Jahrhundert in Opposition, kam erst mit Kriegsende in die Regierungsverantwortung und erhielt durch die Novemberrevolution die Möglichkeit, maßgeblich deutsche Politik zu formen. Eine Verfassung für die erste deutsche Demokratie war dafür die entscheidende Voraussetzung, daher der Wunsch nach einer Nationalversammlung entsprechend dem auf Reform und Legalität beruhenden Weg der SPD im Bismarck-Reich (seit 1907 nicht nur stärkste Partei, sondern auch stärkste Fraktion im Reichstag) über Mehrheitsbildung.

Dem entspricht der Appell an die Einheit der (werktätigen) Nation, daher der Aufruf an „Arbeiter, Bürger, Bauern, Soldaten" – bis auf die „Bürger" Träger auch der revolutionären Rätebewegung (ASB-Räte). Dem Einheitsgedanken entspringt die Symbolik der verschworenen Gemeinschaft, die Notwendigkeit zur Mobilisierung in der neuen Lage kommt in dem Aufforderungscharakter der dem Betrachter zugewandten Gestalten zum Ausdruck.

Mit ihrem Einheitswillen und Appell an den Nationalgeist wendet sich die SPD klar gegen Klassenkampf und Spaltungstendenzen (gegen Regionalismus „aller Stämme", gegen Gruppenegoismen „Arbeiter, Bürger, Bauern"). Die Nationalversammlung erscheint hier als nationale Aufgabe aller Deutscher.

Aufgabe 2

● *Diese Aufgabe setzt voraus, dass Sie die Geschichte der SPD und USPD in Krieg und Novemberrevolution in Grundzügen kennen und die unterschiedlichen Positionen bestimmen können. Gehen Sie chrologisch vor und achten Sie auf die Begründung der Differenzen.*

(L) Konkurrenz zweier Richtungen innerhalb der deutschen sozialistischen Bewegung
seit Gründung der SAP 1875 zunächst durch Burgfrieden 1914 ausgesetzt, dann
- Abspaltung der Verweigerer der Kriegskredite: 1916 Spartakus-Gruppe Karl Liebknechts, 1917 USPD als Friedenspartei – Opposition zur SPD als konkurrierender sozialistischer Partei, Orientierung an Oktoberrevolution 1917
- Beteiligung der SPD (Ebert, Scheidemann) an der Regierung Max von Badens und Mitarbeit an der Parlamentarisierung der Reichsverfassung (Oktoberverfassung) 1918: Identifikation der SPD mit der „Revolution von oben"
- Matrosenaufstand, Massenbewegung: „Revolution von unten" unter Mitwirkung/Unterstützung der USPD
- 9. November 1918: Ebert (SPD) Reichskanzler, Sturz der Monarchie
- Ausrufung der Deutschen Republik durch Scheidemann (SPD)
- Ausrufung der Deutschen sozialistischen Republik durch Karl Liebknecht (Spartakus)
- 10. November 1918: Rat der Volksbeauftragten aus SPD und USPD trotz unterschiedlicher Ziele: SPD (Ebert): Ruhe und Ordnung, Freiheitsrechte und soziale Sicherung, Parlamentarismus (Wahlen und Gewaltenteilung), Bündnis mit Reichswehr
USPD/Spartakus: Massenbewegung, Rätekonzept (imperatives Mandat, diktatorische Tendenz), Sozialisierungen nach russischem Vorbild
- Entscheidung des Reichsrätekongresses in Berlin vom 16.–21.12.1918 für Nationalversammlung und gegen Liebknechts Forderung: „Alle Macht den Räten!"
- Ausscheiden der USPD aus dem Rat der Volksbeauftragten am 29.12.1918

Ⓛ
- Gründung der KPD am 1.1.1919 durch Liebknecht und Luxemburg
- Putsch-Strategie der KPD nach russischem Vorbild: Spartakus-Aufstand in Berlin unter Beteiligung der USPD vom 5.–12.1.1919
- Niederschlagung des Spartakus-Aufstands durch SPD-Regierung mit Reichswehr (Ermordung von Liebknecht und Luxemburg durch Reichswehr am 15.1.1919)
- Weg frei für Wahl der Nationalversammlung am 19.1.1919
- Verfeindung von KPD und SPD im 20. Jahrhundert

Aufgabe 3

● *Sie sollten in dieser Aufgabe bei der SPD-Geschichte nicht nur bis Lassalle zurückgehen, da Sie so den Zwist zwischen Revolutionären und Reformern nur zum Teil und nicht von den Ursprüngen her in den Blick bekommen. Setzen Sie also beim „Kommunistischen Manifest" und bei der 48er-Revolution ein.*

Ⓛ
Konkurrenz von reformerischem und revolutionärem Flügel in der Partei von Anfang an:

revolutionär:	reformerisch:
Marx/Engels „Kommunistisches Manifest" 1848	Borns „Arbeiterverbrüderung" 1848
Marx/Bakunin „Erste Internationale Arbeiterassoziation" 1864, Marx' „Kapital" 1867	Lassalle „Allg. deutscher Arbeiterverein" (ADAV) 1863

Bebel/Liebknecht „Sozialdemokratische Arbeiterpartei" (SdAP) 1869, sog. „Eisenacher"

Überwindung der Spaltung: Vereinigung von „Lassallanern" und „Eisenachern" in der „Sozialistischen Arbeiterpartei Deutschlands" (SAP) 1875;

Verbot und Radikalisierung 1878–1890; Neugründung nach Verbotende: „Sozialdemokratische Partei Deutschlands" (SPD) 1890 (Erfurter Programm)

dennoch bis 1914 drei Richtungen: Aktionismus (Luxemburg), Revisionismus (Bernstein/Kautsky), Reformismus (v. Vollmar)

Aufgabe 4

● *Die Aufgabe setzt voraus, dass Ihnen die Begriffe Einheitsfront bzw. Volksfront bekannt sind. Darüber hinaus sollten Sie über Kenntnisse über die Parteiprogramme und das Selbstverständnis von SPD und KPD in der Weimarer Republik besitzen. Achten Sie auf die Qualität Ihrer Begründungen und Wertungen bei der Beurteilung.*

Wahlplakate

(L) — Einheitsfront bzw. Volksfront: Begriff für die Zusammenarbeit von SPD und KPD, allgemeiner: von Sozialdemokraten/Sozialisten und Kommunisten (z. B. gemeinsame Regierung unter Léon Blum im Frankreich der 1930er-Jahre)

für Einheitfront spräche:
— in der Weimarer Republik: rechnerische Möglichkeit zur Stärkung der Weimarer Koalition durch Zusammenarbeit SPD/KPD gegen Republikfeinde von NSDAP, DNVP und Stahlhelm (z.B. gegen die Harzburger Front)
— Grundvorstellung: Sozialisten in USPD, KPD und SPD könnten sich aufgrund gemeinsamer Wurzeln (Kampf um Menschenrechte und soziale Sicherung, gemeinsame Parteigeschichte im 19. Jahrhundert) und gemeinsamer Zielvorstellungen (Kampf um soziale Gerechtigkeit, Sicherung vor Lebens- und Arbeitsrisiken, Ideal einer freien Gesellschaft) in Notsituationen zusammenfinden.
gegen Einheitsfront sprechen Differenzen als Hindernis:
— Führungsanspruch der KPD in Arbeitsgemeinschaften mit der SPD trotz zahlenmäßiger Minderheit (=Einheitsfrontpolitik)
— SPD seit Lassalle konsequent für Parlamentarismus und Demokratie, Menschenrechte und soziale Sicherung; in der Weimarer Koalition der Demokraten, Träger der ersten deutschen Demokratie (Partei der Facharbeiter)
— KPD seit Gründung auf russisches Vorbild fixiert, Putsch-Strategie, Ideal des bewaffneten Kampfs, Ziel der Diktatur des Proletariats, Antiparlamentarismus und Bekämpfung der Weimarer Republik; SPD als Erzfeind seit Januar 1919 (Niederschlagung des Spartakus-Aufstands, vertieft 1920 durch Niederschlagung des Ruhraufstands), (Partei der Arbeitslosen und von Intellektuellen)
— zwischen 1925 und 1927 Stalinisierung der KPD: in Stalins Sozialfaschismus-Theorie sind Sozialdemokraten der Hauptfeind der Arbeiterbewegung – keine Zusammenarbeit, sondern Bekämpfung mit Hilfe der rechten Republikfeinde (gemeinsame Abstimmungen im Reichstag gegen Weimarer Koalition)

Fazit:
Einheitsfront als gleichberechtigte Zusammenarbeit von SPD und KPD als Illusion, Gegensätze unüberwindbar, KPD stimmt mit NSDAP im Reichstag zur Zerschlagung der parlamentarischen Demokratie

Aufgabe 5

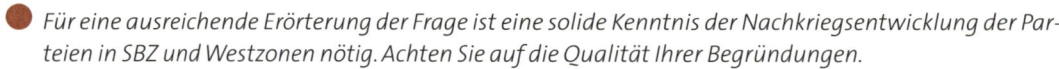 *Für eine ausreichende Erörterung der Frage ist eine solide Kenntnis der Nachkriegsentwicklung der Parteien in SBZ und Westzonen nötig. Achten Sie auf die Qualität Ihrer Begründungen.*

(L) Ausgangslage:
— unter dem Eindruck der gemeinsamen Verfolgung durch den Nationalsozialismus: Einheitsfront-Proklamation während des Zweiten Weltkriegs in Widerstandskreisen – Popularität des Wunsches nach Beilegung des seit 1919 andauernden Zwistes im deutschen Sozialismus
— trotz Einigung auf Deutschland als politische und wirtschaftliche Einheit im Potsdamer Abkommen: politische Separatentwicklung in den Besatzungszonen:

Ⓛ ······ im Gegensatz zu den Westzonen in der SBZ Aufruf zur Gründung von Parteien und Massenor-
ganisationen durch die SMAD im Juni 1945, Gründung von KPD, SPD, CDU, LDPD in der SBZ
– SPD besitzt traditionell drei- bis viermal so viele Wähler wie die KPD

1945:
– KPD-Programm: keine spezifisch kommunistischen Ziele, deutscher Weg zum Sozialismus,
  kein Sowjetsystem
– SPD-Programm: Demokratie, parlamentarische Republik, gegen Militarismus u. Feudalismus
– Strategie der SMAD (wie in allen von Sowjets besetzten Ländern): Volksfrontpolitik, d. h.
  während die Gruppe Ulbricht bereits gezielt die Zentralisierung der SBZ für die KPD betreibt,
  suchen die Kommunisten gezielt die Zusammenarbeit mit Sozialdemokraten und bürgerli-
  cher Parteien, um in gemeinsamen Regierungen die Schlüsselpositionen (Verwaltung, Polizei,
  Justiz) zu besetzen, infolgedessen:
– Gründung des Blocks antifaschistischer Parteien im Juli 1945
– Vorbereitung einer Verschmelzung von KPD und SPD seit Oktober 1945 (Ablehnung in der SPD
  der Westzonen!), um in den Wahlen 1946 absolute Mehrheiten zu erreichen (SPD besitzt drei-
  faches Wählerpotential)
– SMAD erzwingt von der SPD der SBZ die Bereitschaft zur Vereinigung mit der KPD (Grote-
  wohl/SPD: „Wir wurden von den Bajonetten gekitzelt")
– April 1946: Grotewohl (Berliner Zentralausschuss der SPD) und Pieck (KPD) vereinigen SPD und
  KPD der SBZ zur Sozialistischen Einheitspartei Deutschlands (SED) – Berliner SPD lehnt Vereinigung mit einer 90%igen Mehrheit ab
– bis 1949 Eliminierung der SPD-Tradition in der SED durch Verfolgung und Parteisäuberungs-
  verfahren

Fazit:
In einer frei vereinigten SED hätte die SPD mit etwa 3-fachem Anteil den Kurs bestimmen müssen. Zwangsvereinigung und Eliminierung der SPD-Elemente bezeugen, dass die Vereinigung nur
die Vernichtung de SPD in der SBZ bedeutete.

3.4 Foto

Themenbereich: Industrialisierung Deutschlands im 19. Jahrhundert

1.1 *Untersuchen Sie Foto 1 und 2 und verfertigen Sie eine Gegenüberstellung, in der Sie festhalten, was 1865 die Begriffe Straße, Platz und Haus prägte und was man 1905 darunter verstand. (10 BE)*

1.2 *Untersuchen Sie die Bebauung von 1865 und 1905 bis zum Horizont, halten Sie die Unterschiede, insbesondere die neuen Bebauungselemente, fest und stellen Sie die Leistungen der Fotografie als Quelle heraus. (10 BE)*

1.3 *Erklären Sie die Veränderungen, die auf Foto 1 und 2 erkennbar sind. (10 BE)*

2. *Erklären Sie, wovon der Prozess der Industrialisierung Deutschlands bis 1865 angetrieben wurde und wovon bis 1905. (10 BE)*

3. *Erörtern Sie, ob der Prozess der Verstädterung ein Gewinn oder ein Unheil für den einzelnen Stadtbewohner war. (10 BE)*

4. *Beurteilen Sie den Industrialisierungsprozesses zwischen den Polen wirtschaftlich-technischer Fortschritt und sozialer Frage. (10 BE)*

Fotografie vom Plärrer in Nürnberg aus dem Jahr 1865

Fotografie vom Plärrer in Nürnberg aus dem Jahr 1905

Foto

Aufgabenstellung verstehen

● *Setzen Sie sich zunächst mit der Aufgabenstellung auseinander, bestimmen Sie den Anforderungsbereich der Aufgaben 1–4 und beachten Sie die erreichbaren Bewertungseinheiten (insges. 60 BE).*

Ⓛ
Aufgabe 1.1	Untersuchen	Anforderungsbereich	I:	
	Gegenüberstellen	Anforderungsbereich	I:	
	Festhalten	Anforderungsbereich	I:	10 BE
Aufgabe 1.2	Untersuchen	Anforderungsbereich	I:	
	Festhalten	Anforderungsbereich	I:	
	Herausstellen	Anforderungsbereich	I:	10 BE
Aufgabe 1.3	Erklären	Anforderungsbereich	II:	10 BE
Aufgabe 2	Erklären	Anforderungsbereich	II:	10 BE
Aufgabe 3	Erörtern	Anforderungsbereich	III:	10 BE
Aufgabe 4	Beurteilen	Anforderungsbereich	III:	10 BE

● *Lesen Sie jetzt die Aufgaben genau und unterstreichen Sie dabei die Kernbegriffe.*

Ⓛ
Aufgabe 1.1	Untersuchung Bild 1 und 2; Gegenüberstellung Straße, Platz, Haus 1865/1905
Aufgabe 1.2	Unterschiede der Bebauung 1865/1905: neue Bauelemente
	Leistung der Fotografie
Aufgabe 1.3	Erklärung der Veränderungen von 1865 bis 1905
Aufgabe 2	Erklärung der Antriebkräfte der Industrialisierung
	a) bis 1865, b) bis 1905
Aufgabe 3	Erörterung Gewinn der Verstädterung
Aufgabe 4	Beurteilung der Industrialisierung zwischen wirtschaftlich-technischem
	Fortschritt und der sozialer Frage

● *Betrachten Sie nun die beiden Fotografien. Halten Sie Ihren ersten Eindruck schriftlich fest.*

Ⓛ Etwa: Füllung der Baulücken, Neubauten, Ausgestaltung von Platz und Straßen, Ausweitung der
Bebauung bis zum Horizont 1905, neue Haustypen, Straßenbahn neu

Lösungsschritte

Aufgabe 1.1

● *Machen Sie sich möglichst genaue Notizen und tragen Sie das Ergebnis in ein Vergleichsschema ein.*

Ⓛ
	1865	1905
Straße	relativ ebene, von Bewuchs freie Fläche, nicht notwendig durch festen Belag ausgezeichnet (Staubstraße); bereits beleuchtet; Gaslaterne links vorne; flankiert von Bäumen	glatte, wohl befestigte Fläche zum Fahren, im Fahrbelag eingelassene Schienen für Straßenbahnen, befestigter Straßenrand (Bordstein) und separater Gehweg; flankiert von Bäumen

Ⓛ	Platz	freie Fläche, ohne Bewuchs, nicht notwendig durch Gebäude begrenzt, evtl. durch Straßen/Bäume/Zäune	gestalteter freier Raum zwischen Gebäuden, definiert durch Straßen und Straßeninseln, geschmückt mit Bäumen, Denk mälern (Bildmitte), Verweilorten (Haltestellen), Normaluhr (rechts vorne)
	Haus	maximal 2-stöckiges Gebäude schlichte, zweckgebundene Fassade, in der Regel Fensterläden	bis zu 4/5-stöckiges Gebäude, größere Geschosshöhe, reich gestaltete Fassaden und Dächer (Historismus), Ladengeschoss mit großen Fenstern (rechts vorne)

Aufgabe 1.2

● *Gehen Sie hier systematisch vom Vordergrund zum Hintergrund und von links nach rechts die Bilder durch.*

Ⓛ		1865	1905
	Horizont	immer lockerer werdende Bebauung, Felder und Wiesen bis zum Horizont	über Fabrikgebäude (in der Bild mitte) und Gaskessel, ein Wald von Industrieschorn-steinen, dazwischen städtisch-industrielle Bebauung, bis zum Horizont
	Bebauung links	zweigeschossiges Haus mit Satteldach	dreigeschossiges Haus mit Walmdach
	Mitte	erdebene Häuser, Schuppen, Lagerhallen	bahnhofartiges Gebäude statt Schuppen und Lagerhallen
	rechts	einstöckiges Wohnhaus mit Vorgarten	vierstöckiges Gründerzeitwohn- mit Läden im Erdgeschoss und burgartiger Fassade

Leistung der Fotografie als Quelle:
bisher: Zeichnung, Gemälde, Stich sind abhängig von Geschick, Sichtweise, Technik, Stil und In-tention des Künstlers

Foto: exakte Abbildung von Oberflächen, Dauerhaftigkeit und Reproduzierbarkeit, Objektivität, d. h. Unabhängigkeit vom Willen des Verfertigers, Möglichkeit des exakten Vergleichs über Jahr-zehnte/Jahrhunderte

Aufgabe 1.3

● *Legen Sie Wert auf die Ursachenbeschreibungen hinter den Phänomenen der Bebauung, der Art der Straßenführung, den Verkehrsmitteln, den Gebäudearten.*

Ⓛ Plärrer 1865 in Nürnberg (altes Handwerkerzentrum seit dem Mittelalter wie Augsburg) in der Frühindustrialisierungsphase, 1905 in der Hochindustrialisierung (Nürnberg als Industriezen-trum in Bayern)

(L) Frühindustrialisierung:
Foto 1 Bildmitte: Lagerhallen, Industriekamine, lockere Bebauung außerhalb der mittelalterlichen Stadtbefestigung (weder Mauer noch Wall und Graben sichtbar); breite Fahrstraßen, großzügiger Platz; Bahnhof mit Zug in der Bildmitte, an den Ausfallstraßen rechts zum Horizont Arbeiterwohnungen
Kennzeichen der Frühindustrialisierung in Deutschland: Dampfmaschineneinsatz, Eisenbahnbau; damit standortunabhängiger Antrieb für Maschinen, Kohle als Antriebsenergie (Kamine für Rauchabzug); Maschinenbau, Textilindustrie, Anfänge der chemischen und Elektroindustrie in den 1860er-Jahren
ländliche und handwerkliche Bevölkerung in der jungen Industrie als Arbeiter; noch 70–80% der Bevölkerung in der Landwirtschaft tätig

Hochindustrialisierung:
mehr als die Hälfte der Bevölkerung in der Industrie tätig, mehr als die Hälfte der Produktion stammt aus der Industrie, in Deutschland nach Eisenbahn- und Maschinenbau (Nürnberg: MAN, Cramer-Klett) ab 1880 Siegeszug der chemischen und Elektroindustrie (Nürnberg: Schuckert), nach 1900 europaweit führend
Foto 2: Gaswerk – Gas nicht mehr nur zur Straßenbeleuchtung, sondern zur Energieversorgung der Haushalte; Elektrifizierung zunächst für Telefon und Straßenbahn (Schienen in den Straßen), dann zur Energieversorgung nicht nur für die Industrie, sondern auch für die Haushalte; unter dem Straßenbelag: Kanalisations- und Wasserversorgungsleitungen

Aufgabe 2

● *Hier geht es darum, die Rolle der Schlüsselindustrien herauszustellen.*

(L) a) bis 1865 – zunächst bis 1840:
Übernahme englischer Innovationen: Dampfmaschinen, Textilmaschinen, Lokomotiven, Kokshochöfen; daran anschließend Entwicklungen im Maschinenbau, im Bergbau (Verbesserung der Kohle- und Eisenerzabbautechniken), Durchbruch in der Eisenverarbeitung (Krupps Gussstahl), Chemie (Liebig)
ab 1840: Leitsektor Eisenbahnbau – Multiplikatoreffekt des Eisenbahnbaus
infolge Bahn- und Lokomotiven-/Waggonbau Steigerung nach
– Arbeitskräften für den Trassenbau
– Stahl und Eisen (160 t/km)
– Maschinenbau (Lokomotiven und Waggons)
– Hoch- und Tiefbau (Bahnhöfe, Brücken)
Folge: Aufschwung der Montanindustrie (Erz- und Kohleförderung, Hütten- und Walzwerke) und in allen Bereichen nach Arbeitskräften
b) bis 1905: Elektro- und chemische Industrie als neue Schlüsselindustrien durch
– Elektrifizierung: Elektrizitätswerke, Stromleitungen, Straßenbahnen, Telefone, Elektroenergie in Industrie (Motoren) und Haushalten (Licht)
– chemische Industrie: Farbenherstellung, Arzneimittel
daneben: Schiffsbau mit Umstellung auf Dampf- und Dieselantrieb, Automobilbau (Personen- wie Lastkraftwagen)

Aufgabe 3

● *Definieren Sie zuerst „Verstädterung", bevor Sie sich an die Abwägung der Vor- und Nachteile machen.*

Ⓛ ···· Definition von Verstädterung:
zunehmender Anteil der städtischen Bevölkerung an der Gesamtbevölkerung (1800:90% der Bevölkerung auf dem Land, 5% in Orten über 5 000 Einwohner; 1871: 50% der Bevölkerung in Orten über 5 000 Einwohnern; 1800: zwei Großstädte in Deutschland, 1900: 33)
Formen: Ausdehnung alter Städte in den ländlichen Raum, Neugründung von Städten, Zusammenwachsen von Nachbarstädten zu Ballungsgebieten
allgemeiner: Verbreitung des städtischen Lebensstils

Einerseits:
Großstadt als neue fremde Welt für die vielen vom Land zugezogenen Menschen:
Unüberschaubarkeit, Lärm, schlechte Luft- und Wohnverhältnisse, Enge, Vielfalt der Eindrücke und Anforderungen, Verlust der Großfamilie/des ganzen Hauses, von persönlichen Bindungen
Folge: seelische Not, Selbstentfremdung, Vereinsamung; Alkoholismus, Prostitution, Verbrechen als Ausdruck des Verlusts von sozialen Bindungen

Andererseits:
neue Lebensformen mit weniger Gruppendruck, mehr individuellen Freiheitsräumen, neuen Organisationsformen: Kleinfamilie, höhere Mobilität (räumliche Beweglichkeit, sozialer Aufstieg); Teilhabe am städtischen Fortschritt wie allgemeine Wasser- und Energieversorgung (Gas, Strom), Geschäfte, Schulen, Kulturangebote
Städtischer Lebensstil wird immer mehr der allgemeine.

Aufgabe 4

● *Da der wirtschaftlich-technische Fortschritt unstreitig ist, können Sie sich bei Ihrer Beurteilung auf die Frage des sozialen Fortschritts konzentrieren.*

Ⓛ ···· Das häufig anzutreffende Klischee von der sozialen Verelendung im Zuge der Industrialisierung übersieht, dass Bevölkerungsexplosion und Landflucht Deutschland vor der Industrialisierung zum Auswanderungsland gemacht haben.
Erst die Industrialisierung schafft langfristig die Lebensgrundlagen für die wachsende Bevölkerung des 19. Jahrhunderts. Zunächst aber ist der Preis dafür geringes Einkommen der Arbeiterschaft, schlechte Wohnverhältnisse, hohe Sterblichkeit, keine Absicherung im Krankheits- und Invaliditätsfall, im Alter. Aber Malthus' Prognose tritt dank der Industrialisierung nicht ein: Die Industriegesellschft kann mehr Menschen ernähren als die Agrargesellschaft und noch wachsenden Wohlstand schaffen.
Bevölkerungswachstum in Deutschland: 1800 ca. 30 Mio.
1865 ca. 45 Mio.
1900 ca. 65 Mio.

4 Erschließung von Statistiken

4.1 Diagramme

Themenbereich: Weimarer Republik und Errichtung der NS-Diktatur

1.1 Untersuchen Sie Diagramm 1 und Diagramm 2. Erschließen Sie deren Botschaften hinsichtlich der Entwicklung der staatstragenden Parteien der Weimarer Koalition. *(10 BE)*

1.2 Erörtern Sie die Eignung der Darstellungsformen für die Wahlergebnisse in den beiden Diagrammen. *(10 BE)*

2. Klären Sie den Begriff Weimarer Koalition, charakterisieren Sie die Programme ihrer Parteien und bestimmen Sie ihren tragenden Kompromiss. *(10 BE)*

3.1 Untersuchen Sie die Entwicklung der Feinde der Weimarer Republik 1919–1933 und erklären Sie die Gründe für ihre Opposition aus dem Parteiprogramm. *(10 BE)*

3.2 Erklären Sie, woher die Wähler der NSDAP nach 1928 kamen, und bestimmen Sie den Parteitypus, den die NSDAP verkörperte. *(10 BE)*

4. Erörtern Sie, weshalb die Weimarer Republik nicht in den Krisenjahren 1919–1923, sondern 1930–1933 zugrunde gegangen ist. *(10 BE)*

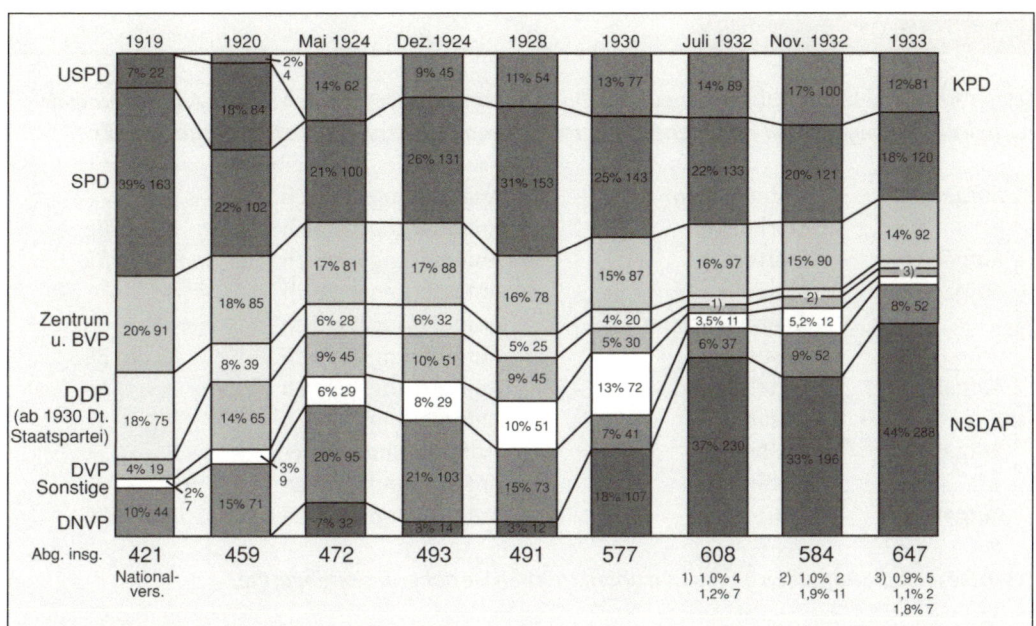

Ergebnisse der Reichstagswahlen 1919–1933

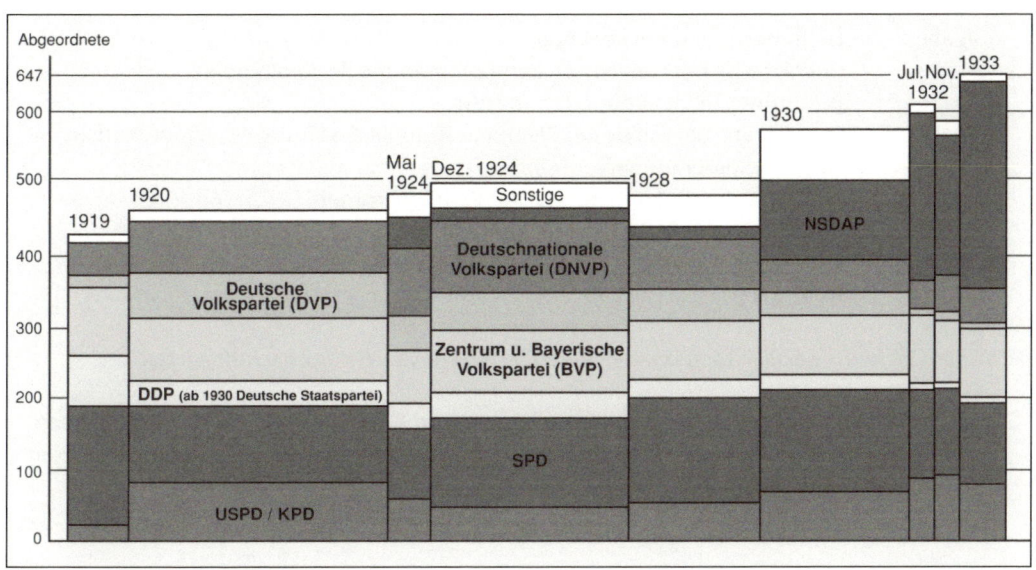

Parteien im Reichstag 1919–1933

Diagramme

Aufgabenstellung verstehen

● Setzen Sie sich zunächst mit der Aufgabenstellung auseinander, bestimmen Sie den Anforderungsbereich der Aufgaben 1–4 und beachten Sie die erreichbaren Bewertungseinheiten (insges. 60 BE).

Ⓛ
Aufgabe 1.1	Untersuchen	Anforderungsbereich	I:	
	Erschließen	Anforderungsbereich	II:	10 BE
Aufgabe 1.2	Erörtern	Anforderungsbereich	III:	10 BE
Aufgabe 2	Klären	Anforderungsbereich	I:	
	Charakterisieren	Anforderungsbereich	I:	
	Bestimmen	Anforderungsbereich	I:	10 BE
Aufgabe 3.1	Untersuchen	Anforderungsbereich	I:	
	Erklären	Anforderungsbereich	II:	10 BE
Aufgabe 3.2	Erklären	Anforderungsbereich	II:	
	Bestimmen	Anforderungsbereich	I:	10 BE
Aufgabe 4	Erörtern	Anforderungsbereich	III:	10 BE

● Lesen Sie jetzt die Aufgaben genau und unterstreichen Sie dabei die Kernbegriffe.

Ⓛ
Aufgabe 1.1	Untersuchung Diagramm 1 und 2
	Erschließen Botschaft in 1 und 2
Aufgabe 1.2	Erörterung Eignung der Darstellungsformen für Wahlen der Weimarer Republik
Aufgabe 2	Definition Weimarer Koalition
	Charakteristik der jeweiligen Parteiprogramme der Koalitionäre
	Bestimmen des Koaltionskompromisses
Aufgabe 3.1	Entwicklung der Feinde der Weimarer Republik Erklärung der Feindschaft aus den Parteiprogrammen
Aufgabe 3.2	Erklärung der Herkunft der NSDAP-Wählerstimmen
	Bestimmen des Parteityps für die NSDAP
Aufgabe 4	Erörterung der Gründe für das Ende der Weimarer Republik 1930–33 statt 1919–1923

● Betrachten Sie nun die beiden Diagramme. Halten Sie Ihren ersten Eindruck schriftlich fest.

Ⓛ Etwa: Inkompatibilität der beiden Abbildungssysteme, große und z. T. widersprüchliche Tendenzen in der Wiedergabe der selben Wahlen, Verwirrung besonders bei dem ungewohnten Säulendiagramm nach Sitzzahlen

Lösungsschritte

Aufgabe 1.1

● *Betrachten Sie Diagramm 1 zunächst als Ganzes und dann erst die Trendlinien im mittleren Bereich. Stellen Sie fest, was die Trendlinien für die einzelnen Parteien bedeuten. Halten Sie abschließend Ihren allgemeinen Eindruck fest.*

Ⓛ Diagramm 1: Darstellung des prozentualen Anteils der Parteien am Reichstag
insgesamt: fester Rahmen, in dem große Verschiebungen stattfinden; Umverteilung der Mehrheiten von der Mitte zu den Rändern, d. h. SPD, Zentrum und DDP gehen von 1919 bis 1933 kontinuierlich zurück
Eindruck: Schrumpfen der Parteien der Weimarer Koalition nicht nur von 1919–1924, sondern vor allem von 1928–1933 optisch auf etwa die Hälfte, gleichzeitig Wachsen der NSDAP um den Anteil bzw. auf Kosten der Weimarer Koalition, diese wird geradezu zwischen den Extremen von links (oben) und rechts (unten) eingeschnürt und abgewürgt.

Fazit:
Anscheinend wechseln die Wähler von SPD, vom Zentrum, von DDP und DNVP zur NSDAP

● *Beschreiben Sie das Gesamtbild von Diagramm 2, stellen Sie dann fest, worauf die Entwicklung im Schaubild beruht. Welche Teile bleiben nahezu unverändert, wo treten die größten Veränderungen ein? Geben Sie Ihren allgemeinen Eindruck wieder.*

Ⓛ Diagramm 2: Parteien nach der absoluten Zahlen der Abgeordneten im Reichstag
Gesamtbild eines ständigen Anstiegs von Abgeordneten, wobei USPD/KPD, SPD, Zentrum und DNVP von 1919–1933 nahezu konstant in der Zahl bleiben, DDP und DVP ständig abnehmen und die NSDAP ab 1930 explosionsartig wächst von etwa einem Dutzend auf etwa 100, dann auf etwa 300 Abgeordnete

Eindruck: Das Anwachsen der NSDAP hat im Wesentlichen nichts mit der Wählerschaft von SPD und Zentrum zu tun.

Aufgabe 1.2

● *Beziehen Sie Ihre Erörterung auf die Besonderheiten des Wahlsystems der Weimarer Republik. Wägen Sie die Vor- und Nachteile der Diagramme 1 und 2 hinsichtlich des Erkenntnisgewinns für die Wählerbewegungen ab und begründen Sie Ihr Urteil sorgfältig.*

Ⓛ Wahlsystem der Weimarer Republik:
reines Verhältniswahlrecht, die Zahl der Reichstagssitze ändert sich bei jeder Wahl; auf jeweils 40 000 abgegebene Stimmen entfällt ein Abgeordnetensitz, bei hohen Wahlbeteiligungen gibt es viele Reichstagssitze, bei schwachen entsprechend weniger
Werden alle Wahlergebnisse auf 100% der Sitze berechnet, fällt die Wahlbeteiligung und ihre Auswirkung als Charakteristikum des reinen Verhältniswahlrechts unter den Tisch. Damit schei-

Diagramme

Ⓛ ····· nen Parteien, die ihre Stimmenzahl bei steigender Wahlbeteiligung lediglich konstant halten, an
Wählern zu verlieren. Sie verlieren aber nur relativ, nämlich bezogen auf die Gesamtzahl der Sitze.
Für die Interpretation der Entwicklung der Weimarer Koalition ist dies ein nicht unerheblicher
Faktor. Bei der Umrechnung der Wahlergebnisse auf die zur Verfügung stehenden Sitze in Prozent
wird suggeriert, dass die Anzahl der zu verteilenden Sitze konstant sei. Im Deutschen Bundestag
ist dies auch zwischen 1949 und 1990 immer der Fall gewesen. Das verführt dazu, für die Weimarer Republik die Verhältnisse der Bundesrepublik zu unterstellen.

Spezifik der Weimarer Entwicklung:
– Der Zugewinn der NSDAP kann im Wesentlichen nur aus neuen Wählerpotenzialen
  kommen.
– Wegen des reinen Verhältniswahlrechts der WRV schlagen sich die neuen Stimmen in weiteren Abgeordnetensitzen nieder: Der Reichstag steigert seine Abgeordnetenzahl in 14 Jahren
  um nahezu 50%.

Quellenkritik
Diagramme erleichtern den Umgang mit empirischen Daten, können aber auch eine problemati-
sche Verführungskraft besitzen. Es ist üblich geworden, Wahlergebnisse stets prozentual auf die
Summe der abgegebenen Stimmen zu beziehen. Man übersieht aber damit leicht den Anteil der
Nichtwähler (was nur bei sehr hohen Wahlbeteiligungen unproblematisch ist) und Spezifika von
Wahlsystemen, wie z. B. des reinen Verhältniswahlrechts.
Diagramm 1 suggeriert eine gleichbleibende Zahl von Abgeordnetensitzen bzw. von Wählern und
geht damit nicht auf die Bedingungen des reines Verhältniswahlrechts in der Weimarer Republik
ein. Allein Diagramm 2 vermag die besonderen Verhältnisse des Wahlsystems der Weimarer Republik (etwa im Unterschied zu dem der Bundesrepublik) zu verdeutlichen.

Aufgabe 2

● *Bei dieser Reproduktionsaufgabe können Sie sich kurz fassen und die wesentlichen Fakten
aufzählen.*

Ⓛ ····· Weimarer Koalition: Koalition aus SPD, Zentrum und DDP

Programm der SPD:
Partei der gewerkschaftlich organisierten (Fach-)Arbeiterschaft
Demokratie, Mehrheitsprinzip, Parlamentarismus; Ausbau von Freiheits- und Gleichheitsrechten;
Stabilität in Politik und Wirtschaft, Sozialpolitik:Mitbestimmung, Solidaritätsprinzip, Volksbil-
dung

Programm des Zentrums:
Partei des politischen Katholizismus
liberale Demokratie, Mehrheitsprinzip, Parlamentarismus; Politik des sozialen Ausgleichs (katho-
lische Sozialethik, christliche Gewerkschaften), Mittelstandspolitik

Ⓛ······ Programm der DDP:
Partei des linksliberalen Bürgertums (Banken, Versicherungen, Exportindustrie)
liberale Demokratie, Mehrheitsprinzip, Parlamentarismus, Freiheitsrechte; Stärkung des Unter-
nehmertums; Sozialpolitik aufgrund des Subsidiaritätsprinzips, Wirtschaftswachstum

Minimalkonsens:
liberale Demokratie, Freiheitsrechte, soziale Sicherung, Einbindung der Gewerkschaften in die Politik. Dieser Kompromiss trägt vom November 1919 bis zum Bruch der Großen Koalition 1930 und
verleiht der Weimarer Republik in allen Krisenphasen Stabilität.

Aufgabe 3.1

● *Bestimmen Sie zunächst die Republikfeinde, verfolgen Sie Ihre Entwicklung in den Diagrammen,*
resümieren Sie diese und gehen Sie erst dann auf ihre Konflikte mit den Grundsätzen der Weimarer
Republik ein.

Ⓛ······ Republikfeinde:
KPD (Spartakusaufstand 1919, Ruhrkampf 1920, Mitteldeutscher Aufstand 1921)
DNVP (Kapp-Putsch 1920)
NSDAP (Hitler-Putsch 1923, später Legalitätseid zur Bekämpfung der Weimarer Demokratie)

Entwicklung 1919–1933
KPD:
bis zur Auflösung der USPD eine Schattenexistenz (2% = 4 Abg.), erst ab 1924 nennenswerte Ergebnisse: 14 %=62 Abg., das ist auch das durchschnittliche Niveau bis 1930, erst dann Anstieg auf
durchschnittlich 90 Abgeordnete (=ca.14%)
DNVP:
bis 1928 ernst zu nehmende politische Größe (zwischen 45 und 103 Abg., d. h. zwischen 10 und
21%), dann Absacken auf 37–52 Abg., d. h. 7–9% der RT-Sitze

KPD-Programm
sozialistische Revolution (Vorbild KPdSU), Diktatur des Proletariats (gegen Demokratie, Parlamentarismus, Grundrechte wie Eigentumsrecht, gegen Rechtsstaatlichkeit wegen des Prinzips des
Klassenkampfs), Enteignung der Produktionsmittel, radikales Gleichheitsprinzip; Volksbildung,
Weltrevolution, Anlehnung an die Sowjetunion

NSDAP-Programm
nationale Revolution (Vorbild italienischer Faschismus), Führerprinzip (gegen Demokratie, Mehrheitsprinzip, Parlamentarismus), Rassenkampf (gegen Gleichheitsprinzip: Antisemitismus, Lebensraumpolitik), Volksgemeinschaft („Deutscher Sozialismus")

Gemeinsam gegen parlamentarische Demokratie, Grundrechte insbes. Freiheitsrechte, Rechtsstaatlichkeit (als Hindernis einer Revolution)

Aufgabe 3.2

● *Ziehen Sie zu dieser Aufgabe Diagramm 2 heran (vgl. Aufgabe 1.2). Erschließen Sie die wesentlichen Teile der NSDAP-Wählerschaft aus dem Gesamtbefund und beschreiben Sie dann die Charakteristika der NSDAP vor allem in der Zeit der Weltwirtschaftskrise.*

Ⓛ Da KPD, SPD, DDP und Zentrum zusammengenommen zwischen 1920 und 1933 die Zahl ihrer Abgeordnetenmandate nahezu konstant auf etwa 300 Sitzen halten können, müssen die wesentlichen Teile der NSDAP-Stimmen aus den Massen der Nichtwähler von 1919–1928 stammen, denn die Abwanderungen von DVP, DDP, DNVP können die enormen Stimmengewinne nicht erklären. Es sind im einzelnen folgende Wählerschichten, die der NSDAP zuströmen:
– alter (Handwerker) und neuer (Angestellte) Mittelstand
– nicht organisierte Arbeiter
– Bauern
– Antikommunisten
– Frauen
und alle diese vor allem aus evangelischen Regionen

NSDAP, obwohl als Weltanschauungspartei auftretend, als erste Volkspartei in der deutschen Geschichte: catch all party
Während alle anderen deutschen Parteien ein bestimmtes Klientel vertreten (z. B. SPD organisierte Arbeiterschaft, Zentrum Katholiken) spricht die NSDAP über die Formel Nationalismus alle Deutschen gleichermaßen an – entsprechend Massenveranstaltungen, Propaganda, unspezifisches Wirtschafts- und Sozialprogramm, Personifizierung von Politik in der Gestalt Hitlers, Emotionalisierung von Politik und politischen Zielen

Aufgabe 4

● *Entwerfen Sie für Ihre Erörterung eine Skizze der Gefahrenpunkte für die Weimarer Republik 1919–1923, dann für 1930–1933 und geben Sie dann Ihre Gründe für Bestand und Scheitern geordnet wieder.*

Ⓛ Krisen 1919–1923
Spartakusaufstand Januar 1919, Unterzeichnung Versailler Vertrag Juni 1919;
Kapp-Putsch März 1920, Ruhrkampf bis Mai 1920;
Mitteldeutscher Aufstand der KPD März 1921, Deutscher Oktober 1923;
Besetzung des Ruhrgebiets Januar 1923, Passiver Widerstand, galoppierende Inflation, Hitler-Putsch November 1923

Stabilitätsfaktoren:
Demokratische Reichstagsmehrheit (Weimarer Koalition), demokratische Staatsspitze (Reichspräsident Ebert, Reichskanzler Stresemann), tragfähiger Kompromiss der demokratischen Parteien, Hilfe der Kriegsalliierten in der Reparations- und Währungsfrage 1923/24
Krisenfaktoren 1930–1933
wachsende Wirtschaftskrise mit explosiver Arbeitslosigkeit und Finanzknappheit des Staates:
Ende der Großen Koalition, Brünings Präsidialregierungen, Anwachsen der Republikfeinde in der Reichstagswahl 1930;

Ⓛ⋯⋯ Harzburger Front, Deflationspolitik 1931;
      „Preußenschlag", Präsidialdiktaturen Brüning, Papen, Schleicher, Wiederwahl Hindenburgs als
      Reichspräsident, Erdrutschsieg der Hitlerbewegung in Juli-Wahlen 1932

      Destabilisierungsursachen:
      Ende des Kompromisses des Demokraten von 1919, Schulterschluss der Republikfeinde der Alten
      Eliten mit den Wählermassen Hitlers zum Sturz der Republik, Versagen des Republikschutzes bei
      SPD und Gewerkschaften beim „Preußenschlag"; Hindenburgs Machtstellung durch die
      Weimarer Reichsverfassung: Ernennung Hitlers zum Reichskanzler, damit Verfassungsfeind als
      Regierungschef

Für das mündliche Abitur gelten die selben Grundsätze wie für das schriftliche Abitur, es unterscheidet sich von diesem nur in der Art der Darbietung und durch die Vorbereitungszeit.

Auch für die mündliche Prüfung muss eine aufgegliederte, schriftlich verfasste Aufgabe, in der Regel auf der Grundlage vorgelegter Materialien, bearbeitet werden. Die Aufgabenstellung muss es ermöglichen, dass in allen drei Anforderungsbereichen (s.o. Teil B 1) Fähigkeiten nachgewiesen werden können. Es geht dabei besonders um die Fähigkeiten, sich klar, differenziert und geordnet auszudrücken bzw. ein adressatengebundenes, sachkundiges Gespräch zu führen. Dabei sollten Sie neben Problembewusstsein auch fachspezifische Grundbegriffe und Verfahrensweisen zeigen und ggf. eine eigene Stellungnahme vorgetragen und begründen können.

Die mündlichen Abiturprüfungen haben einen Zeitrahmen von 20–30 Minuten. Sie erhalten die Aufgaben in schriftlicher und eine Vorbereitungszeit von etwa 30 Minuten. Meist gliedert sich die Prüfung in zwei Prüfungsteile: Teil 1 ist Prüfungsschwerpunkt, Teil 2 umfasst dann Ergänzungsbereiche (etwa zwei weitere Semesterstoffe), wobei der Prüfungsschwerpunkt die Hälfte der Prüfungzeit umfasst. Die Prüfungsgegenstände sind also unterschiedlich gewichtet und beziehen sich auf verschiedene Stoffbereiche.

Für die Bewertung der Prüfungsleistung gelten dieselben Grundsätze wie für die schriftliche Prüfung. Außer den fachlichen Leistungen sind die Fähigkeiten zur Kommunikation zu berücksichtigen.

Unter der Bezeichnung „Mündliches Abitur" gibt es noch zwei Besonderheiten: 1. das Colloquium als verpflichtendes viertes Abiturfach in Bayern, 2. die freiwillige mündliche Prüfung zur Verbesserung des Abiturergebnisses.

Im bayerischen **Kolloquium** müssen Sie in Ihrem Prüfungsschwerpunkt ein möglichst freies, zusammenhängendes Referat von 10 Minuten über ein Thema halten, das Sie 30 Minuten vor der Prüfung erhalten. Dann werden die anderen Bereiche geprüft.

In der **Freiwilligen Mündlichen Prüfung** zur Verbesserung der Ergebnisse im Schriftlichen oder bei der Prüfung als Externer wird auch der Schwerpunktthemenbereich kleinschrittig nach schriftlichen Aufgaben geprüft, bevor die anderen Semester thematisiert werden.

Für alle diese Prüfungen gilt:
– In Ihrer Vorbereitungszeit dürfen Sie keine Hilfsmittel benutzen, Sie müssen also in der Sache wohl vorbereitet sein.
– Sie sollten sich während Ihrer Vorbereitungszeit präzise Notizen machen, auf die Sie während der Prüfung zurückgreifen können.
– Während der Prüfung sollten Sie Ihre Notizen nicht einfach ablesen, sondern frei vortragen, denn in einer mündlichen Prüfung werden nicht nur Ihre Kenntnisse, sondern auch Ihr Sprachverhalten und Ihre Kommunikationsfähigkeit bewertet.
– Üben Sie den präzisen mündlichen Vortrag während der Kollegstufenzeit. Nutzen Sie dazu Ihre mündlichen Unterrichtsbeiträge wie die Gelegenheiten zu (Kurz-)Referaten im Unterricht. Wirken Sie dabei dem allgemein üblichen Hang zur sprachlichen Nachlässigkeit entgegen und bemühen Sie sich um eine gepflegte Sprache und einen wirkungsvollen Vortrag.

2. Übungen zum mündlichen Abitur

Im mündlichen Abitur bekommen Sie die Aufgaben 30 Minuten vor der Prüfung schriftlich vorgelegt und können Ihre Antworten in Ruhe vorbereiten.

In der folgenden Übungsaufgabe erstreckt sich der Prüfungsbereich vom Bismarck-Reich bis zur Deutschen Einheit 1990.

Prüfungsteil I: Schwerpunktthema „Deutschlandpolitik 1949–1990"

Prüfungsteil II: 1. Bismarcks Reichsgründung und Reichsverfassung
2. Weimarer Republik und NS-Diktatur

Prüfungsteil I: Aufgaben zum Schwerpunktthema

Karikatur zum Grundlagen-vertrag mit dem Titel „Im deutschen Graben" aus dem Jahr 1972

1. *Interpretieren Sie obenstehende Karikatur.*
Kennzeichnen Sie dazu kurz die Ostpolitik der Bundesrepublik Deutschland 1949–1966 und bezie-hen Sie in Ihre Interpretation die Ostpolitik der Ära Brandt mit ein.

2. *Skizzieren Sie die Entstehung der friedlichen Revolution in der DDR.*

3. *Beschreiben Sie den Weg zur Deutschen Einheit 1990 und erörtern Sie eine Alternative.*

Arbeitsaufträge

Aufgabenstellung verstehen

● *Analysieren Sie zunächst die Aufgabenstellung.*

(L)
1.	Interpretieren	Anforderungsbereich II und III
	Kennzeichnen	Anforderungsbereich I
	Einbeziehen	Anforderungsbereich II
2.	Skizzieren	Anforderungsbereich I
3.	Beschreiben	Anforderungsbereich I

Sie müssen also in Aufgabe 1 im Wesentlichen Kenntnisse in Ihrer Auseinandersetzung mit der Bildvorlage fruchtbar machen. Die Aufgaben 2 und 3 sind reproduktiv.

● *Unterstreichen Sie nun die Kernbegriffe in der Aufgabenstellung.*

(L)
Karikatur
Ostpolitik der Bundesrepublik 1949–1966 und Ära Brandt
Entstehung friedliche Revolution DDR
Weg zur Deutschen Einheit 1990

Lösungsschritte

Aufgabe 1

Halten Sie zunächst fest, worin das Wesen einer Karikatur besteht, denn eine solche sollen Sie ja interpretieren.

(L)
Die Wortbedeutung von Karikatur geht auf „überladen" zurück. Die Karikatur arbeitet also mit Übertreibungen. Ein Gegenstand, eine Person, ein Sachverhalt wird in zugespitzter Weise dargebracht, um etwas nicht sogleich Erkanntes sichtbar zu machen – hier der Inhalt eines Vertrages.

● *Kennzeichnen Sie nun die Ostpolitik der Bundesrepublik 1949–1974 (einschließlich Ära Brandt).*

(L)
Abgrenzungspolitik der 1950er-Jahre zur Destabilisierung der DDR:
– Alleinvertretungsanspruch (Adenauer 1949)
– DDR kein deutscher Staat, keine diplomatischen Beziehungen
– keine diplomatischen Beziehungen zu Warschauer-Pakt-Staaten, mit Ausnahme der Sowjetunion
– Hallstein-Doktrin 1955

Mauerbau und Stabilisierung der DDR nach 1961:
– Entspannungspolitik und realistische Ostpolitik
– Wandel durch Annäherung (Bahr) seit 1963
Ostpolitik der Ära Brandt 1966–1974:
– Ablösung der Hallstein-Doktrin 1967

Ⓛ ⋯⋯ – Gewaltverzichtsangebote gegenüber Warschauer-Pakt-Staaten
     – Brandts Besuch in DDR und Polen

Ostverträge:
– Moskauer Vertrag 1970
– Warschauer Vertrag 1970 (Oder-Neiße-Grenze „unverletzlich")
– Berlin-Abkommen 1972
– Grundlagenvertrag mit der DDR 1972
– Vertrag mit der CSSR 1973

Vor diesem Hintergrund zeigt die Karikatur, dass in einem Deutschland, in dem Ost und West durch einen tiefen Graben getrennt sind, durch den Grundlagenvertrag von 1972 begonnen wird, den Graben allmählich zuzuschütten: Zwei zipfelbemützte deutsche Michel schaufeln wechselseitig einen Graben zu, auf dessen Grund die Buchstaben GRUND VERTRAG den Boden bilden. Im Grundlagenvertrag von 1972 wurde zwischen den beiden deutschen Staaten, zwischen denen es weder politische noch private Kontakte gab, vertraglich gesicherte Verhältnisse hergestellt:
– Gleichberechtigung der beiden deutschen Staaten
– unverletzlichkeit der Grenzen
– Ende des Alleinvertretungsanspruchs
– Antrag auf Mitgliedschaft in Vereinten Nationen
– Austausch „Ständiger Vertreter"
darüber hinaus: Verkehrsregelungen, Familienzusammenführung, Zollfreiheit vereinbart, aber weiterhin Einheit der deutschen Nation für Bundesrepublik (nur eine deutsche Staatsangehörigkeit)

Aufgabe 2

🔴 *Notieren Sie nun die Hauptstationen der Entstehung der Oppositionsbewegung der DDR und die Schritte zu deren Auflösung!*

Ⓛ ⋯⋯ Wirtschaftliche und gesellschaftliche Stagnation in der DDR der 80er Jahre:
– Übersiedlungswelle vor allem junger Leute aus der DDR in die BRD
– Botschaftsbesetzungen 1989 (Warschau, Prag, Budapest)
– Grenzöffnung Ungarn nach Österreich: Massenflucht von DDR-Urlaubern
  Defensives Klima der DDR-Regierung während der Vorbereitung zur 40-Jahr-Feier:
– Duldung von Oppositionsakten
– Anzeigen wegen Wahlfälschung
– Parteigründungen (SDP, Demokratie Jetzt, Neues Forum, Demokr. Aufbruch)
– Demonstrationswellen (Montagsdemo Leipzig)
Wende mit 40. Jahrestag der DDR am 7.10.1989: Gorbatschow mahnt Reformen an
– 9. Oktober 1989: Montagsdemonstration in Leipzig „Wir sind das Volk"
– 16. Oktober 1989: Absetzung Honeckers
– 9. November 1989: Maueröffnung, im Dezember Ende der SED

Aufgabe 3

● *Fassen Sie sich angesichts der knappen Prüfungszeit in ihrer Antwort kurz.*

Ⓛ Volkskammerwahl am 18.3.1990 mit Wahlsieg der CDU, Regierung de Maizière – Ziel der schnellstmöglichen Herstellung der deutschen Einheit
  - Staatsvertrag vom 21. Juni: Währungsunion, Wirtschaftsunion, Sozialunion
  - Einigungsvertrag vom 31. August: Angleichung des Rechts, Vereinigungsprozess, Übernahme des Rechtssystems der Bundesrepublik
  - sog. Friedensvertrag (2+4-Vertrag) vom 12. September: Vertrag mit den vier Siegermächten des Zweiten Weltkriegs über die Endgültigkeit der Oder-Neiße-Grenze und die Definition von Deutschland (Berlin+DDR+BRD)

  3. Oktober 1990: Tag der Deutschen Einheit
  Wiedererrichtung der Länder der DDR: Landtagswahlen am 14. Oktober 1990
  Erste gesamtdeutsche Bundestagswahl am 2. Dezember 1990

Erörterung Alternative:

Ⓛ
  - Eigenständiger Weg der DDR über eigene Verfassung:
  - Staatenbund mit der BRD
  - Bewahrung der Wirtschaftsbindungen mit Osteuropa

Prüfungsteil II:

Hier müssen noch zwei Themenbereiche bzw. Semesterstoffe geprüft werden. Im Folgenden wird nur ein Beispiel für eine Aufgabenstellung vorgestellt, da solche Aufgaben sehr variabel nach Prüfling und Semesterstoff ausfallen können.

1. Themenbereich/Semesterstoff: Bismarcks Reichsgründung und Reichsverfassung
   - Stellen Sie die Etappen der Reichsgründung 1871 ausgehend vom Jahr 1849 dar.
   - Skizzieren Sie die Grundzüge der Bismarckschen Reichsverfassung! Gehen Sie auf Stärken und Schwächen ein.
   - Nennen Sie die wichtigste Reform an Bismarcks Verfassung und die Umstände dieser Reform.

2. Themenbereich/Semesterstoff: Weimarer Republik und NS-Diktatur
   - Skizzieren Sie das Krisenjahr 1923!
   - Entwickeln Sie die Ausgangslage und die Ziele der Außenpolitik in der Weimarer Republik.
   - Definieren Sie Präsidialdiktatur und nennen Sie deren verfassungsrechtliche Voraussetzungen.
   - Erklären Sie, wie Hitler zur Macht kommt.
   - Nennen Sie die Stationen von Hitlers Machtausbau.

3. Übungen zum Kolloquium

Übung 1:

Bei der Kolloquiumsprüfung gilt zunächst das Hauptaugenmerk dem zehnminütigen freien Referat. Dessen Thema erhalten Sie 30 Minuten vor Prüfungsbeginn. Ihm widmen Sie Ihre ganze Vorbereitungszeit. Dafür sind Sie aber im Normalfall auch sehr gut vorbereitet, denn Sie haben sich den Themenbereich, dem das Referatthema entstammt, selbst gewählt und konnten sich ausgiebig vorbereiten. Schwieriger ist der zweite Prüfungsteil im Kolloquium. Hier müssen Sie über zwei ganze Semester spontan Auskunft geben können. Sie müssen diese also sorgfältig wiederholt haben. Die Aufgabenstellung kann von einer Quelle ausgehen, muss das aber nicht in jedem Fall. Unsere Übung geht von einem Thema ohne Quelle aus.

Prüfungsteil I: Referat

Sollten Sie als Themenbereich aus der Geschichte des 20. Jahrhunderts „Die Entstehung des Totalitarismus in Europa" gewählt haben, so könnte Ihr Referatthema lauten:
„Vergleichen Sie Sowjetkommunismus und italienischen Faschismus hinsichtlich gemeinsamer totalitärer Merkmale und charakteristischer Unterschiede."

Aufgabenstellung verstehen

Die Aufgabe verzichtet auf eine Quelle, Sie müssen Ihre Vorbereitungszeit also nicht mit Lesen und Analysieren eines geschichtlichen Überrestes beginnen, sondern können sich voll der Themenstellung widmen.
Gehen Sie bei der Analyse des Themas vor wie beim schriftlichen Abitur. Bestimmen Sie zunächst das Anforderungsniveau und dann die Kernbegriffe des Themas.

● *Analysieren Sie jetzt die Aufgabe.*

Ⓛ ⋯ „Vergleichen" ist dem Anforderungsbereich III (Transfer) zuzuordnen und bedeutet: nach selbstgewählten Gesichtspunkten Gemeinsamkeiten und Unterschiede in Gegenständen bestimmen. Die Hauptgesichtspunkte des Vergleichs sind vorgegeben: Gemeinsamkeiten und Unterschiede.

● *Unterstreichen Sie die Hauptbegriffe in der Aufgabe.*

Ⓛ ⋯ Gemeinsame totalitäre Merkmale, charakteristische Unterschiede, Sowjetkommunismus, italienischer Faschismus

Lösungsschritte

● Die Aufgabe erfordert zwingend, dass Sie eine anwendungsfähige Definition von Totalitarismus vorbe-reitet haben.

(L) Totalitarismus nach Karl Löwenstein: ungehemmte, unkontrollierte Machtausübung eines Staa-tes aufgrund einer Heilslehre mit Ausschließlichkeitsanspruch, die von der Gesellschaft gleichge-richtetes Denken und straffe Organisation verlangt (Massenkundgebungen, Kampagnen, Mit-gliedschaft in staatlichen Organisationen) und ihren Anspruch durch Geheimpolizei, politische Justiz und Massenmedien stützt

● Da das Thema Sowjetkommunismus und italienischen Faschismus nebeneinander stellt, der italieni-sche Faschismus aber bereits 1944 endet, sollte auch für den Sowjetkommunismus die ersten beiden Jahrzehnte herangezogen werden.

(L) Ihr Vergleich könnte sich auf folgende Gesichtspunkte stützen:

	Sowjetkommunismus 1917–1939	Italien. Faschismus 1922–1944
Gemeinsam:		
politisch	Diktatur der KPdSU/Lenin/Stalin	Diktatur Faschistischer Großrat/ Mussolini
	Terror/Polizeistaat (Tscheka, GPU, NKWD)	Geheimpolizei, Sondergerichte
	Ausschaltung von Parlament und Parteien	Ausschaltung von Opposition, von nicht faschistischen Parteien
	Vernichtung der Opposition (Bürger-krieg, Aushungern der Ukraine, Kulakenvernichtung, Schauprozesse, GULAG)	Gewalt gegen Opposition, Ver-bannungspraxis)
gesellschaft-lich	Verstaatlichung der Produktionsmittel Kollektivierung der Landwirtschaft sozialistische Erziehung Einbindung der Gesellschaft in Partei-organisationen	Korporative Gesellschaft Jugendorganisationen faschistische Milizen Zugriff auf die Erziehung
kulturell	Marxismus/Leninismus als alltägliches Wertesystem (Klassenstandpunkt) Gleichschaltung aller Information Förderung des Massensports	Faschistische Ideologie als Alltagsnorm Zugriff auf die Massenmedien Förderung des Massensports
Unterschiede:		
politisch	„Sozialismus in einem Land" (Albanien, Dalmatien, Griechen-land 1941)	Imperialismus: Abessinien 1935
wirtschaft-lich	Vergesellschaftung der Produktions-mittel Kollektivierung der Landwirtschaft	Kapitalistisches Eigentum selbstständige Landwirte: Groß-grundbesitz

Ⓛ······ Es wären selbstverständlich auch andere Gesichtspunkte des Vergleichs möglich, etwa
     – Machtergreifung, Polizeistaat, Personenkult / Führermythos

Sollte Ihr Referat noch Fragen offengelassen haben, dann müssten Sie nach Ihrem Referat sich noch für Nachfragen bereithalten.

Prüfungsteil II

Im zweiten Prüfungsteil des Colloquiums werden noch zwei weitere Themengebiete oder Semesterstoffe geprüft. Das könnte aus der Geschichte des 20. Jahrhunderts sein:
– die Vorgeschichte und Geschichte des Ersten Weltkrieges
– die Anfänge oder das Ende der Weimarer Republik
– die Innenpolitik der NS-Diktatur
– die Vorgeschichte und Geschichte des Zweiten Weltkrieges
– die Geschichte der Entstehung der beiden deutschen Staaten
– Adenauerära und sozialliberale Koalition
– Ära Kohl und die Vereinigung der beiden deutschen Staaten
Aus der Geschichte des 19. Jahrhunderts böte sich an:
– Französische Revolution und Revolution von oben in Deutschland
– Wiener Kongress und Restaurationszeitalter
– Vormärz und Revolution von 1848
– Industrialisierung und soziale Frage in Deutschland
– Reichsgründung und Bismarcks Innenpolitik
– Bismarcks und Wilhelms Außenpolitik
– Industriegesellschaft in Deutschland
Wegen des großen Zeitraums und der großen Bandbreite dieser Themen sind im zweiten Prüfungsteil keine sehr detaillierten Fragestellungen zu erwarten. Hier kommt es vor allem auf Überblickskenntnisse an.

Die Aufgabenstellung zum zweiten Prüfungsteil könnte so aussehen:

Themenbereich/Semesterstoff I: Deutsches Kaiserreich
– Skizzieren Sie die Wirtschaftsentwicklung im Deutschen Kaiserreich.
– Nennen Sie die wichtisten Faktoren des gesellschaftlichen Wandels im Kaiserreich.
– Definieren Sie Imperialismus und erörtern Sie die Dimensionen des deutschen Imperialismus.
– Geben Sie die Grundzüge von Bismarcks Außenpolitik und Kolonialpolitik wieder.

Themenbereich/Semesterstoff II: Geschichte der Bundesrepublik und der DDR
– Entwickeln Sie die Grundzüge von Adenauers Innenpolitik.
– Nennen Sie die Ursachen für die Entstehung des „Wirtschaftswunders".
– Erklären Sie die Ereignisse des 17. Juni 1953.
– Charakterisieren Sie das politische System der DDR.
– Definieren Sie: „Große Koalition 1966" und APO.
– Erklären Sie die Ostpolitik der sozialliberalen Koalition.

1.1 Themenbereich: Europäische Gleichgewichtspolitik im 18. Jahrhundert

William Pitt 1762 im englischen Parlament über Preußen und das europäische Gleichgewicht

In der Unterhausdebatte vom 9. Dezember 1762 über die Bedingungen eines Sonderfriedens mit Frankreich, den die britische Regierung unter Aufopferung Friedrichs des Großen zu schließen sich anschickte, übte der ehemalige Premierminister William Pitt an der Vorlage schärfste Kritik. Von der dreistündigen, nicht wörtlich überlieferten Rede werden hier nur die Ausführungen über Deutschland und Preußen wiedergegeben.

[...] Was Deutschland angehe, sagte er, so sei das ein weites Feld, eine ermüdende und langwierige Betrachtung, die auch die Interessen vieler feindlicher Mächte umfasse, von 5 denen einige unmittelbar, andere nur von Fall zu Fall mit Großbritannien zu tun hätten. Vielleicht sei es zu Zeiten klug, bei der Planung unserer Maßnahmen lediglich unsere insulare Lage zu berücksichtigen; solange 10 wir es aber mit Frankreich als Feind zu tun hätten, sei Deutschland der Schauplatz, wo man Frankreichs Streitkräfte beschäftigen und ablenken könne. Wären die französischen Armeen nicht in Deutschland beschäf- 15 tigt worden, so wären sie nach Amerika transportiert worden, wo wir es sicherlich schwerer gehabt hätten, sie zu besiegen, und die Kosten, wenn wir obgesiegt hätten, höher gewesen wären. [...] Amerika, betonte er mit 20 Nachdruck, sei in Deutschland erobert worden. [...]
Man hat triumphierend behauptet, der gegenwärtige Krieg in Deutschland habe das Machtgleichgewicht (balance of power) über 25 den Haufen geworfen, für das wir unter der Regierung König Wilhelms und der Königin Anna[1] gefochten hätten. Diese Behauptung sei so weit entfernt, auch nur die geringste tatsächliche Begründung für sich zu haben,

dass seines Erachtens selbst die oberfläch- 35 lichsten politischen Beobachter kaum der Belehrung darüber bedürften, dass dieses Gleichgewicht schon lange vor Ausbruch des gegenwärtigen Krieges umgestürzt worden sei. [...] Seit der Zeit der Großen Allianz gegen 40 Frankreich[2] ist die militärische Macht der Holländer zu Wasser und zu Lande nahezu ausgelöscht worden, während eine andere Macht, an die man damals in Europa noch kaum dachte, sich erhoben hat, nämlich 45 Russland, das seiner eigenen Bahn folgt, außerhalb aller anderen Systeme, aber nach dem Maße der von ihnen ausgehenden Anziehungskraft zu jedem von ihnen gravitierend. Eine weitere Macht erhob sich in Euro- 50 pa, gleichfalls gegen jede menschliche Voraussicht, mit dem Hause Brandenburg, und die atemberaubenden Erfolge Seiner Majestät von Preußen beweisen, dass er zum natürlichen Schutzherrn der deutschen Li- 55 bertät gegen das Haus Österreich bestimmt ist. Wir sind gewöhnt, mit Ehrfurcht auf dieses Haus zu blicken, und das Phänomen einer zweiten Großmacht in Deutschland war für uns etwas derart Neues, dass er [Friedrich] ei- 60 nige Zeit Anlehnung an Frankreich suchen musste. Als aber Frankreich und Österreich sich vereinigten, fanden sich Großbritannien und Preußen. Das sind die großen Ereignisse, die das Gleichgewicht in Europa seit 65 der Zeit der Großen Allianz gegen Frankreich vollkommen verändert haben. [...]
Der deutsche Krieg hinderte Frankreich, seine Kolonien und Inseln in Amerika, Asien und Afrika zu unterstützen. [...] Dass die auf 70 dem Tisch des Hauses niedergelegten Präliminarartikel den König von Preußen (welchen der Redner den hochherzigsten Bun-

desgenossen nannte, den England je besessen habe) seinem Schicksal überlassen wollten, tadelte er in den schärfsten Ausdrücken. Er nannte das hinterhältig, betrügerisch, ge-
75 mein und verräterisch. Nachdem man diesen großen und herrlichen Monarchen vier Monate lang mit Subsidienversprechungen hingehalten, habe man ihn schließlich hintergangen und enttäuscht. […] Hinsichtlich der
80 anderen Bundesgenossen Englands habe man vereinbart, dass ihre vom Gegner eroberten Festungen „geräumt und zurückerstattet" werden sollten; hinsichtlich derjenigen aber, die dem König von Preußen
85 gehörten und im Lauf des Krieges von den Franzosen eingenommen worden seien, ha-

be man lediglich Räumung vereinbart, sodass die Franzosen diese Plätze behalten könnten, bis die österreichischen Truppen so weit seien, sie in Besitz zu nehmen. […]
90 Alles in allem müsse er die vorgeschlagenen Friedensbedingungen aus tiefstem Herzen verdammen. Er sehe in ihnen die Saat eines künftigen Krieges. […]

(Fritz Dickmann [Hrsg.], Renaissance. Glaubenskämpfe. Absolutismus, München ³1982, S. 708 f.)

1   im Spanischen Erbfolgekriege
2   Haager Allianz von 1701

1.1 *Beschreiben Sie mithilfe der Rede von William Pitt die internationale Lage von 1762. Gehen Sie dabei auf die Interessen der europäischen Großmächte ein. (10 BE)*

1.2 *Erklären Sie das Prinzip der englischen Gleichgewichtspolitik anhand des Spanischen Erbfolgekrieges. (10 BE)*

1.3 *Setzen Sie sich mit Pitts These von der Veränderung des Gleichgewichts seit dem Spanischen Erbfolgekrieg auseinander. (10 BE)*

1.4 *Erörtern Sie den Quellenwert dieser nicht wörtlich überlieferten Quelle. (10 BE)*

2. *Entwickeln Sie, welche Vorteile England aus der neuen Lage in Europa zieht und wie sich diese Lage in den Friedenschlüssen von 1763 niederschlägt? (10 BE)*

3. *Skizzieren Sie das Verhältnis von England und Frankreich zwischen 1763 und 1814. (10 BE)*

1.2 Themenbereich: Europäische Gleichgewichtspolitik im 19. Jahrhundert

Betrachtungen Metternichs zum Frieden von Adrianopel

Aus einer Vortragsnotiz Metternichs an Kaiser Franz I. vom 9. Oktober 1829

Im Frieden von Adrianopel vom 14. September 1829 wurde die Unabhängigkeit Griechenlands ausgesprochen. Russland anerkannte zwar den Pruth als Grenze zum Osmanischen Reich und beugte sich dem Verbot für Kriegsschiffe, die Dardanellen zu durchfahren, konnte aber seine Stellung auf dem Balkan und gegenüber der Türkei gewaltig ausbauen: Serbien, die Moldau und die Walachei kamen de facto unter russische Schutzherrschaft, die Inseln in den Donaumündungen wurden russischer Besitz und außerdem erhielt Russland beträchtliche Handelsprivilegien in der Türkei zugesprochen.

Der Frieden zwischen Russland und der Pforte bildet einen wichtigen Abschnitt in der Geschichte der Zeit und wird auf die politische Lage Europas, mithin auch auf die der
5 österreichischen Monarchie großen Einfluss üben. [...]
Die unter Eurer Majestät tätiger Mitwirkung in den Jahren 1813 und 1814 gestiftete, auf der <u>Basis gesunder Rechts- und Staatsbegriffe</u>
10 gegründete, dem <u>Erhaltungssystem</u> ausschließend gewidmete europäische Allianz hatte sich, obgleich durch manche lösende Einwirkungen erschüttert und im Jahre 1823 von England aus zum erstenmal förmlich
15 verleugnet[1], dennoch bis zum Tode des Kaisers Alexander als wirklich bestehende Tatsache behauptet. Durch die Unterzeichnung des Petersburger Protokolls vom 4. April 1826[2] wurde sie faktisch gebrochen. Die Ver-
20 bindung zweier Mächte zu einem mit dem Grundbegriffe der Allianz offenbar streitenden Zwecke bezeichnete den Übergang zu einem <u>neuen System</u>. – Frankreich, in rastlosem Streben nach politischer Tätigkeit,
25 gesellte sich bald zu dieser Verbindung und

gab ihr durch den in Paris entworfenen und in London vollzogenen Traktat vom 6. Juli 1827 eine regelmäßige Gestalt. Dieser neue Bund, im reinen Gegensatz mit dem bis dahin bestandenen gebildet, trat unter dem Na- 30 men einer <u>Tripel-Allianz</u> in die Welt. [...]
Eure Majestät haben an dem Unheil bringenden Bunde keinen Teil genommen. Der König von Preußen hat ein Gleiches getan. In der Stellung beider Höfe lag jedoch ein we- 35 sentlicher Unterschied. Wir haben uns gegen <u>das Prinzip, auf welchem die Tripel-Allianz beruhte</u> – wenn das, was allen gesunden Prinzipien widersprach, ein Prinzip genannt zu werden verdiente –, mit Offenheit und Nach- 40 druck ausgesprochen; Preußen hat, ohne dieses Prinzip bestimmt zu verdammen, nur erklärt, dass es ohne vollkommenes Einverständnis der fünf Höfe dem Londoner Traktate nicht beitreten könne. Österreich ist 45 demnach allein der alten Allianz in ihrer vollen Strenge treu geblieben. Jede Macht, die zu dem Urbegriffe dieser Allianz und zu dem System, wovon sie die Grundlage war, zurückzukehren geneigt ist, muss sich folg- 50 lich an Österreich anschließen; und dass dieses früher oder später geschehen wird, geht aus der Natur der Dinge und aus den unverkennbaren Bedürfnissen der Zeit hervor.

(Günter Schönbrunn [Hrsg.], Das bürgerliche Zeitalter 1815–1914, München 1980, S. 38 f.)

1 Gemeint ist der Kurswechsel der britischen Politik, der von Castlereagh auf dem Troppauer Kongress eingeleitet und später von Canning vollzogen wurde.
2 Es sah die Anerkennung der Unabhängigkeit Griechenlands vor.

1.1 Entwickeln Sie ausgehend vom Text Metternichs die Prinzipien der europäischen Außenpolitik zwischen 1813 und 1828 und erklären Sie dabei die im Text unterstrichenen Begriffe.   (20 BE)

1.2 Skizzieren Sie die Interessenlage der europäischen Großmächte 1828 unter besonderer Berücksichtigung Österreichs.   (10 BE)

1.3 Beurteilen Sie die Quelle nach quellenkritischen Gesichtspunkten.   (10 BE)

2.1 Vergleichen Sie das europäische Staatensystem von 1828 mit dem von 1856 nach dem Pariser Frieden.   (10 BE)

2.2 Erklären Sie die Veränderungen. (10 BE)

„Die Heilige Allianz", Ölgemälde von Heinrich Olivier, 1815

1.3   Themenbereich: Industrialisierung im 19. Jahrhundert

Der polytechnische Verein für das Königreich Bayern zur Eröffnung der Ludwigs-Bahn Nürnberg – Fürth

München, den 2. Dezember 1835

Der polytechnische Verein, der nun schon 26 Jahre an der Hebung der National-Industrie Bayerns arbeitet, hat das Vergnügen, in gegenwärtiger Zeit ein Hindernis nach dem andern fallen zu sehen, das hemmend und lähmend auf die Industrie wirkte. Die Beschränkungen des Handels sind größtenteils von unseren Grenzen gewichen und groß ist das Gebiet, auf welchem der Gewerbetreibende ungehindert den Absatz seiner Produkte suchen kann. Allein, um auf diesem großen Gebiete, diesem weiten Felde der Tätigkeit, die Zeit und die Unkosten des Verkehrs möglichst zu vermindern und so die Staaten merkantilisch näher zu rücken, fehlt es dem jungen Zollverein noch an den nötigen Anstalten. Der ehemaligen Hauptstadt des deutschen Zwischenhandels (Nürnberg) war es vorbehalten, dem Orte, wo Kunst und Gewerbefleiß von alters her die Hand sich boten, hierin den ersten Schritt zu tun. Durch einen freien Verein von patriotischen Männern ist die Ludwigsbahn vollendet, zur Ehre der bayerischen Nation, zum Frommen der beiden Städte, die sie verbindet, ein leuchtendes Vorbild für gesellschaftliche Unternehmungen dieser Art. Unter allen Zollvereinsstaaten besitzt Bayern die erste Eisenbahn, vollendet aus den Mitteln von Bayern, ausgeführt durch einen bayerischen Ingenieur, ein echtes Zeugnis bayerischen Unternehmungsgeistes und bayerischer Intelligenz. Und wenn auch die Ausdehnung dieser Bahn nicht bedeutend ist, so sind es in industrieller Hinsicht die Städte, die sie verbindet; sie sind die Sterne erster Größe am bayerischen Horizonte. Endlich ist es unverkennbar, dass die Gesellschaft teils wegen der Neuheit des Unternehmens, teils wegen anderer Umstände mit großen Hindernissen zu kämpfen hatte, Hindernisse, deren Beseitigung von einem beharrlichen Eifer und Umsicht der Direktion zeugt, welche stets als aufmunterndes Vorbild dastehen wird. Die Hoffnung, dass das schöne Beispiel von Patriotismus und Beharrlichkeit der Ludwigs-Eisenbahn-Gesellschaft bald Nachahmung finden werde, ist schon verwirklicht. Die Mittel zur Ausführung eines europäischen Kanals mitten durch Bayern, einer zweiten Eisenbahn zwischen München und Augsburg sind unterzeichnet und Bayern wird vielleicht bald an Unternehmungen dieser Art alle anderen Zollvereins-Staaten überflügeln und so tatsächlich die weisen Anordnungen unseres Königs ehren.

Der polytechnische Verein schließt mit dem Ausspruche seiner Überzeugung, dass diese Eisenbahn zum Aufblühen der Städte Nürnberg und Fürth mächtig beitragen und der Gesellschaft für ihren Aufwand und ihre Bemühungen der Dank der späteren Nachwelt reichlich zukommen wird.

Hofrat Dr. Fuchs, d. Z. Vorstand

(Werner Pöls [Hrsg.], Deutsche Sozialgeschichte. Dokumente und Skizzen. Bd. I: 1815–1870, München ²1976, S. 370/371)

1.1 *Klären Sie den Begriff der Industrie im Text. (5 BE)*

1.2 *Bestimmen Sie die Bedingungen, auf die der Autor die erste Eisenbahn in Deutschland zurückführt und setzen Sie sich mit seiner politischen Einstellung auseinander. (15 BE)*

1.3 *Bestimmen Sie die Funktion des Unternehmers beim Nürnberger Eisenbahnbau und im Industrialisierungsprozess allgemein. (10 BE)*

2. *Geben Sie einen systematischen Überblick über die Hindernisse der Industrialisierung in Deutschland und die Voraussetzungen ihrer Durchführung. (15 BE)*

3. *Vergleichen Sie die Eigenarten der Industrialisierung in England im 18. Jahrhundert und die der Industrialisierung Deutschlands im 19. Jahrhundert. (15 BE)*

Eröffnung der ersten deutschen Eisenbahn zwischen Nürnberg und Fürth 1835, Farblithografie

1.4   Themenbereich: Deutschlands Entwicklung zum Industriestaat und die soziale Frage im 19. Jahrhundert

Der frühindustrielle Unternehmer und Politiker Robert Mohl über die Arbeiterschaft 1835

Robert Mohl, Über die Nachteile, welche sowohl den Arbeitern selbst als dem Wohlstande und der Sicherheit der gesamten bürgerlichen Gesellschaft von dem fabrikmäßigen Betrieb der Industrie zugehen und über die Notwendigkeit gründlicher Vorbeugungsmittel (1835):

Vor allem fällt nämlich die Zerstörung des Familienlebens auf. Nicht nur der Familienvater ist den ganzen Tag von Hause entfernt, ohne sich der Erziehung und Beaufsichti-
5 gung seiner Kinder, der Leitung seines Hauswesens irgend widmen zu können, sondern sehr häufig ist auch die Mutter ihrerseits ebenso lange täglich in derselben oder einer anderen Manufaktur beschäftigt. Sobald die
10 Kinder irgend verwendbar sind – und wer kennt nicht die frühzeitig eintretende Möglichkeit ihrer Beschäftigung bei Maschinen – so werden auch sie aus dem Hause gestoßen; bis zu diesem Zeitpunkt aber sind sie ohne al-
15 le Aufsicht oder unter einer um eine Kleinigkeit gemieteten, welche schlimmer ist als gar keine. Nicht einmal zu dem gemeinschaftlichen Mahl versammelt sich die Familie immer. Die Entfernung des Fabrikgebäudes, bei
20 größerer Nähe der Branntweinbude, hält davon ab; die Speisen, übereilt und von unsorgfältiger, unreinlicher Hand zubereitet, stoßen mehr ab, als dass sie ein willkommener Vereinigungsgrund wären. Häufig dient
25 die armselige und unwohnliche Hütte nur zum gemeinschaftlichen Ausschlafen oder abendlichen Ausschweifung. Findet sich doch in den Fabrikstädten häufig, dass noch sehr junge Kinder, welche selbst schon ihren
30 Lohn verdienen, das väterliche Haus gegen ein fremdes Kosthaus vertauschen, weil sie in Letzterem um denselben Betrag bessere Spei-

sen erhalten. Andere Bande aber knüpfen sie nicht an das elterliche Dach, welches ihnen nie der Schauplatz einer gepflegten und 35 freundlich unterrichteten Jugend, nie das behagliche Muster herzlichen Zusammenlebens und gemeinschaftlicher Freude oder Trauer war. Wo aber alle Bande des Familienlebens so ganz zerrissen sind und seine tau- 40 send Anlässe und Gewohnheiten die Sittlichkeit nicht unterstützen, da muss die höchste Verwilderung einreißen.

(Aus: C. Jantke/D. Hilger [Hrsg.], Die Eigentumslosen, München 1965, S. 299 f.)

1.1 Fassen Sie die Beobachtungen Mohls in Thesen zusammen.   (5 BE)

1.2 Erklären Sie die im Text erwähnten Lebensumstände des Proletariats im 19. Jahrhundert: Wohnverhältnisse, Arbeitszeit, Löhne, Arbeiterschutz. (10 BE)

1.3 Erörtern Sie die Wertungen und Prognosen des Autors. (15 BE)

2. Skizzieren Sie die Entwicklung der sozialen Lage des Proletariats bis zum Ersten Weltkrieg. Beachten Sie dabei die Rolle von Freihandel und Schutzzöllen.   (15 BE)

3. Erklären Sie, worin Marx die Ursache für die elende Lage des Proletariats im Kapitalismus erblickte und worin für ihn die Lösung lag.   (15 BE)

Häuser mit separaten Kellerwohnungen in Merthyr Tydfil/Wales

1.5 Themenbereich: Industrialisierung und soziale Frage

Aus: Karl Marx/Friedrich Engels, Das kommunistische Manifest (1848)

Unsere Epoche, die Epoche der Bourgeoisie, zeichnet sich jedoch dadurch aus, dass sie die Klassengegensätze vereinfacht hat. Die ganze Gesellschaft spaltet sich mehr und mehr in
5 zwei große feindliche Lager, in zwei große, einander direkt gegenüberstehende Klassen: Bourgeoisie und Proletariat. […] Die bisherige feudale oder zünftige Betriebsweise der Industrie reichte nicht mehr aus für den mit
10 neuen Märkten anwachsenden Bedarf. Die Manufaktur trat an ihre Stelle. Die Zunftmeister wurden verdrängt durch den industriellen Mittelstand; die Teilung der Arbeit zwischen den verschiedenen Korporationen
15 verschwand vor der Teilung der Arbeit in der einzelnen Werkstatt selbst.
Aber immer wuchsen die Märkte, immer stieg der Bedarf. Auch die Manufaktur reichte

Karl Marx (1818–1883)

Friedrich Engels
(1820–1895)

nicht mehr aus. Da revolutionierte der Dampf und die Maschinerie die industrielle 20 Produktion. An die Stelle der Manufaktur trat die moderne große Industrie, an die Stelle des industriellen Mittelstandes traten die industriellen Millionäre, die Chefs ganzer industrieller Armeen, die modernen Bourgeois. 25
Die große Industrie hat den Weltmarkt hergestellt, den die Entdeckung Amerikas vorbereitete. Der Weltmarkt hat dem Handel, der Schifffahrt, den Landkommunikationen eine unermessliche Entwicklung gegeben. Die- 30 se hat wieder auf die Ausdehnung der Industrie zurückgewirkt, und in demselben Maße, worin Industrie, Handel, Schifffahrt, Eisenbahnen sich ausdehnten, in demselben Maße entwickelte sich die Bourgeoisie, ver- 35 mehrten sich ihre Kapitalien, drängte sie alle vom Mittelalter her überlieferten Klassen in den Hintergrund.
In demselben Maße, worin sich die Bourgeoisie, d. h. das Kapital, entwickelt, in demsel- 40 ben Maße entwickelt sich das Proletariat, die Klasse der modernen Arbeiter, die nur so lange leben, als sie Arbeit finden, und die nur so lange Arbeit finden, als ihre Arbeit das Kapital vermehrt. Diese Arbeiter, die sich stück- 45 weise verkaufen müssen, sind eine Ware wie jeder andere Handelsartikel und daher gleichmäßig allen Wechselfällen der Konkurrenz, allen Schwankungen des Marktes ausgesetzt. […] 50
Die Lebensbedingungen der alten Gesellschaft sind schon vernichtet in den Lebensbedingungen des Proletariats. Der Proletarier ist eigentumslos; sein Verhältnis zu Weib und Kindern hat nichts mehr gemein mit dem 55 bürgerlichen Familienverhältnis; die moderne industrielle Arbeit, die moderne Unterjochung unter das Kapital, dieselbe in England wie in Frankreich, in Amerika wie in Deutschland, hat ihm allen nationalen Charakter ab- 60

gestreift. Die Gesetze, die Moral, die Religion sind für ihn ebenso viele bürgerliche Vorurteile, hinter denen sich ebenso viele bürgerliche Interessen verstecken. Alle früheren Klas-
65 sen, die sich die Herrschaft eroberten, suchten ihre schon erworbene Lebensstellung zu sichern, indem sie die ganze Gesellschaft den Bedingungen ihres Erwerbes unterwarfen. Die Proletarier können sich die
70 gesellschaftlichen Produktivkräfte nur erobern, indem sie ihre eigene bisherige Aneig-
nungsweise und damit die ganze bisherige Aneignungsweise abschaffen. Die Proletarier haben nichts von dem Ihrigen zu sichern, sie haben alle bisherigen Privatsicherheiten und 75 Privatversicherungen zu zerstören.

(Karl Marx/Friedrich Engels, Das Kommunistische Manifest. In: Karl Marx/Friedrich Engels, Ausgewählte Werke in zwei Bänden. Bd. 1. Berlin ⁸1970, S. 26–36)

1. *Erklären Sie am Text den Begriff „historischer Materialismus". (10 BE)*

2.1 *Nennen Sie die wirtschaftlichen, sozialen und politischen Hindernisse, die der „Ausdehnung der Industrie" (Marx/Engels) in Deutschland entgegenstanden. (15 BE)*

2.2 *Erklären Sie die Bedeutung des Eisenbahnbaus für die „Ausdehnung der Industrie" (Marx/Engels) in Deutschland. (10 BE)*

3.1 *Überprüfen Sie Marx' Thesen zur Lage des Proletariats, indem Sie diese mit Ihren Kenntnissen der Arbeits- und Lebensbedingungen des Industrieproletariats im 19. Jahrhundert vergleichen. (20 BE)*

3.2 *Skizzieren Sie unternehmerische Ansätze zur Lösung der sozialen Frage. (5 BE)*

1.6   Themenbereich: Nationalstaatliche und liberale Entwicklung in Deutschland im 19. Jahrhundert

Stellungnahme des sozialdemokratischen Abgeordneten August Bebel (1840–1913) zur Reichsverfassung (8. November 1871)

Meine Herren, das Volk ist nicht der Regierung wegen da, sondern die Regierung des Volkes wegen; die Regierung soll den Willen des Volkes ausführen, sie soll nichts weiter sein als die vollziehende Gewalt. Wie steht es aber in Wahrheit? Die Regierungen haben die Macht, die Regierungen haben den Willen und die Volksvertretung hat einfach ja zu sagen und zu gehorchen, und wenn sie das nicht tut, so gibt man ihr moralische Fußtritte, wie sie dieselben schon so oft bekommen hat. Wir haben das ja erlebt in der vorigen Session, beispielsweise bei der Beratung über die Annexion von Elsass-Lothringen, wo der Reichskanzler brüsk wie in der schönsten Konfliktzeit aufgetreten ist. Es fällt mir ein anderes Beispiel für die Machtlosigkeit des Parlamentarismus da ein. Der Herr Reichskanzler äußerte in den letzten Tagen, er glaube nach jedem Kriege konstitutioneller geworden zu sein. Ja, meine Herren, auf den ersten Blick könnte das allerdings so scheinen, und jedenfalls der Glaube an die Richtigkeit dieser Ansicht ist es, die den Abgeordneten Lasker neulich zu seinem berühmten Ausspruche veranlasst hat. Wie steht es in Wahrheit, meine Herren? Nicht der Reichskanzler ist seit dem Jahre 1866 konstitutioneller geworden, sondern die liberalen Parteien, die parlamentarischen Versammlungen sind nachgiebiger geworden, das ist des Pudels Kern.
(Große Unruhe.)
Sie treten nicht mehr mit den Forderungen heraus, welche sie noch vor dem Jahre 1866 aufgestellt haben. Sie haben dem Reichskanzler eine Verfassung gegeben, die deutsche Reichsverfassung, wie sie reaktionärer gar nicht gedacht werden kann. (Gelächter.) Meine Herren, mit einer solchen Verfassung kann allerdings ein jeder Minister regieren, das ist keine Verfassung für das Volk, das ist weiter nichts als der Scheinkonstitutionalismus in rohester Form, das ist der nackte Cäsarismus. Das ist ein Cäsarismus, der die parlamentarische Form gebraucht, weil die öffentliche Meinung sie für notwendig hält, der auf Grund einer solchen Verfassung scheinbar konstitutionell regieren kann.

(Stenographische Berichte über die Verhandlungen des Reichstages. 1. Legislaturperiode. 7. Session. Band I. Berlin 1871, S. 185)

August Bebel (1840–1913). Ölgemälde von Georg Tronnier um 1900

1.1 Fassen Sie Bebels Kritikpunkte an der Bismarckschen Reichsverfassung in Thesen zusammen. (5 BE)

1.2 Erschließen Sie die Vorbilder für Bebels Vorstellung von Konstitutionalismus. (7 BE)

2. Erklären Sie die Bedeutung der „Konfliktzeit" und des Jahres 1866 im Text. (10 BE)

3.1 Beschreiben Sie die Stellung der Regierung in der Bismarckschen Verfassung. (9 BE)

3.2 Vergleichen Sie Entstehung und Hauptinhalt der Verfassung von 1871 mit der Paulskirchen-verfassung von 1849. (9 BE)

3.3 Erschließen Sie die theoretischen und praktischen Vorbilder für Bismarcks Staatsverständnis. (9 BE)

3.4 Erörtern Sie die Berechtigung von Bebels These des Scheinkonstitutionalismus der Verfassung von 1871 ausgehend von Verfassungstext und Bismarcks Politik bis 1890. (8 BE)

1.7 Themenbereich: Weimarer Republik und National-sozialismus

Eingabe von Industriellen, Bankiers und Großagrariern an Reichspräsident von Hindenburg vom 19. November 1932

Ew. Exzellenz,
Hochzuverehrender Herr Reichspräsident!

Gleich Eurer Exzellenz durchdrungen von
5 heißer Liebe zum deutschen Volk und Vaterland, haben die Unterzeichneten der grundsätzlichen Wandlung, die Eure Exzellenz in
der Führung der Staatsgeschäfte angebahnt
haben, mit Hoffnung begrüßt.
10 Mit Eurer Exzellenz bejahen wir die Notwendigkeit einer vom parlamentarischen Partei-
wesen unabhängigen Regierung, wie sie in
den von Eurer Exzellenz formulierten Gedanken eines Reichspräsidialkabinetts zum
15 Ausdruck kommt. Der Ausgang der Reichstagswahl vom 6. November d. J. hat gezeigt,

dass das derzeitige Kabinett, dessen aufrech-
ten Willen niemand im deutschen Volk be-
zweifelt, für den von ihm eingeschlagenen
Weg keine ausreichende Stütze im deutschen 20
Volk gefunden hat, dass aber das von Eurer
Exzellenz gezeigte Ziel eine volle Mehrheit
im deutschen Volk besitzt, wenn man – wie es
geschehen muss – von der staatsverneinen-
den Kommunistischen Partei absieht. Gegen 25
das bisherige parlamentarische Parteiregime
sind nicht nur die Deutschnationale Volkspartei und die ihr nahestehenden kleinen
Gruppen, sondern auch die Nationalsozia-
listische Deutsche Arbeiterpartei grundsätz- 30
lich eingestellt und haben damit das Ziel Eurer Exzellenz bejaht. Wir halten dieses

Reichskanzler Adolf Hitler (links) und Reichspräsident Feldmarschall Paul von Hindenburg
beim „Tag von Potsdam" am 21. März 1933. Foto von Heinrich Hoffmann

Ergebnis für außerordentlich erfreulich und können uns nicht vorstellen, dass die Ver-
35　wirklichung dieses Zieles nunmehr an der Beibehaltung einer unwirksamen Methode scheitern sollte.

Es ist klar, dass eine des Öfteren wiederholte
40　Reichstagsauflösung mit sich häufenden, den Parteikampf immer mehr zuspitzenden Neuwahlen nicht nur einer politischen, sondern auch jeder wirtschaftlichen Beruhigung und Festigung entgegenwirken muss. Es ist
45　aber auch klar, dass jede Verfassungsänderung, die nicht von breitester Volksströmung getragen ist, noch schlimmere wirtschaftliche, politische und seelische Wirkungen auslösen wird.
50

Wir erachten es deshalb für unsere Gewissenspflicht, Eure Exzellenz ehrerbietigst zu bitten, dass zur Erreichung des von uns allen unterstützten Zieles Eurer Exzellenz die Um-
55　gestaltung des Reichskabinetts in einer Weise erfolgen möge, die die größtmögliche Volkskraft hinter das Kabinett bringt.

Wir bekennen uns frei von jeder engen par-
60　teipolitischen Einstellung. Wir erkennen in der nationalen Bewegung, die durch unser Volk geht, den verheißungsvollen Beginn einer Zeit, die durch Überwindung des Klassengegensatzes die unerlässliche Grundlage

für einen Wiederaufstieg der deutschen Wirt-　65
schaft erst schafft. Wir wissen, dass dieser Aufstieg noch viele Opfer erfordert. Wir glauben, dass diese Opfer nur dann willig gebracht werden können, wenn die größte Gruppe dieser nationalen Bewegung führend　70
an der Regierung beteiligt wird.

Die Übertragung der verantwortlichen Leitung eines mit den besten sachlichen und persönlichen Kräften ausgestatteten Präsidi-　75
alkabinetts an den Führer der größten nationalen Gruppe wird die Schwächen und Fehler, die jeder Massenbewegung notgedrungen anhaften, ausmerzen und Millionen Menschen, die heute abseits stehen, zu　80
bejahender Kraft mitreißen.

In vollem Vertrauen zu Eurer Exzellenz Weisheit und Eurer Exzellenz Gefühl der Volksverbundenheit begrüßen wir Eure Exzellenz　85
mit größter Ehrerbietung.

Dr. Hjalmar Schacht, Berlin
(ehem. Reichsbankpräsident)
19 weitere Unterschriften von Großbürgern　90
und Großagrariern

(Der Prozeß gegen die Hauptkriegsverbrecher vor dem Internationalen Militärgerichtshof. Band XXXIII, Nürnberg 1948, S. 531 ff.)

1.　*Fassen Sie die Intention der Eingabe kurz zusammen.　(5 BE)*

2.　*Erklären Sie möglichst genau aus der Weimarer Reichsverfassung, warum die Unterzeichner sich an den Reichspräsidenten wenden und erörtern Sie die Einstellung der Autoren zur Weimarer Verfassung.　(15 BE)*

3.　*Stellen Sie den politischen Hintergrund des Briefes dar, indem Sie die innenpolitische Entwicklung 1929–32 umschreiben. (10 BE)*

4.　*Vergleichen Sie die Krisen 1919–23 und 1929–32 hinsichtlich des unterschiedlichen Ausgangs.　(15 BE)*

5.　*Klären Sie den Sinn des Begriffs „nationale Bewegung" im Text (Z. 61) und das Verhältnis der Autoren zur NS-Weltanschauung.*

1.8 Themenbereich: Zweiter Weltkrieg und Nachkriegsdeutschland

Aus der Plenarsitzung in Potsdam vom 31. Juli 1945 nach den Memoiren Trumans

Als nächsten Punkt stellte ich die polnische Westgrenze zur Debatte. Byrnes[1] verlas den amerikanischen Vorschlag, wonach das von der Oder und der westlichen Neiße begrenzte
5 Gebiet provisorisch der polnischen Verwaltung zu unterstellen sei. Bevin[2] erklärte, seine Instruktion laute, an der östlichen Neiße festzuhalten. Er wünsche zu wissen, ob die Zone ganz in polnischen Besitz übergehen und die
10 Sowjettruppen völlig zurückgezogen würden. Der amerikanische Vorschlag unterstelle das Gebiet dem polnischen Staat, sodass es keinen Teil der russischen Besatzungszone bilde.
15 Ich unterbrach mit der Bemerkung, dass die Gebietsabtretungen den Friedensverhandlungen vorbehalten blieben und der amerikanische Plan lediglich die provisorische Verwaltung dieser Gebiete betreffe. Bevin
20 antwortete, er lege meine Bemerkung dahin aus, dass das Gebiet offiziell nach wie vor unter alliierter Militärkontrolle bleibe. Sonst würde es sich um eine Gebietsabtretung schon vor der Friedenskonferenz handeln.
25 Falls das zutreffe, müsste er erst Frankreichs Genehmigung einholen. Stalin antwortete, es sei das eine ausschließlich die russische Zone betreffende Angelegenheit, mit der die Franzosen nichts zu tun hätten.
30 Bevin fragte, ob Großbritannien einen Teil seiner Zone abtreten dürfe, ohne die anderen Regierungen zu befragen. Stalin antwortete, im Falle Polens sei das möglich, weil das ein Staat ohne Westgrenze sei. Einen zweiten Fall
35 dieser Art gebe es auf der ganzen Welt nicht wieder.
Bevin wies darauf hin, die Autorität des Kontrollrates erstrecke sich auf ganz Deutschland nach dem Stand des Jahres 1937. Er halte es
für zweifelhaft, ob ohne Befragung des Kon- 40 trollrates Abtretungen vorgenommen werden könnten.
Byrnes erklärte, wir seien uns doch alle einig, dass die endgültige Grenzziehung der Friedenskonferenz vorbehalten sei. Doch die 45 tatsächliche Situation sei die, dass Polen mit sowjetrussischer Einwilligung einen beträchtlichen Teil der fraglichen Gebiete schon jetzt verwalte. Um nun jeden weiteren Disput zwischen den drei Mächten wegen je- 50 ner Gebiete zu vermeiden, gehe der amerikanische Vorschlag auf die interimistische Verwaltung durch die Provisorische Regierung Polens ein. Doch sei es deshalb nicht nötig, den Polen einen Sitz im Kontrollrat ein- 55 zuräumen.
Nach nochmaligem Meinungsaustausch erklärte ich, wir seien uns also in der polnischen Frage einig. Stalin bemerkte noch: „Stettin gehört zum polnischen Gebiet, wo- 60 rauf Bevin antwortete: „Ja, wir müssen aber die Franzosen informieren." Das wurde dann auch beschlossen.

(H. S. Truman, Memoiren. Bd. 1. Stuttgart 1955. S. 413)

1 Byrnes war US-Außenminister.
2 Bevin war britischer Außenminister.

1.1 Fassen Sie Trumans Bericht in Thesen zusammen. *(5 BE)*

1.2 Bewerten Sie den Stil der Verhandlungen in Potsdam im Verhältnis zum Verhandlungsgegenstand.
(5 BE)

2.1 Begründen Sie aus der NS-Außenpolitik, weshalb die Alliierten in ihren Verhandlungen stets von
Deutschlands Grenzen von 1937 ausgehen. *(5 BE)*

2.2 Nennen Sie ausgehend vom Quellentext die Grenzen und Demarkationslinien, welche seit Juli 1945
in Deutschland galten. *(10 BE)*

2.3 Erklären Sie die jeweiligen Motive der Alliierten für ihre Grenzziehungen für Nachkriegsdeutschland anhand der Kriegskonferenzen und -abkommen. *(15 BE)*

3. Beschreiben Sie die Bestimmungen für die Herrschaft der Alliierten über Nachkriegsdeutschland in
Berliner Deklaration und Potsdamer Abkommen. *(10 BE)*

4. Beurteilen Sie die Verantwortung der Westmächte für die unterschiedliche Entwicklung in
Nachkriegsdeutschland. *(10 BE)*

Englands Premierminister Attlee, der amerikanische Präsident Truman und der sowjetische Diktator Stalin bei der Konferenz von Potsdam. Foto vom 2. August 1945

1.9   Themenbereich: Das Deutschlandproblem der Nachkriegszeit

Zwangsfusion von SPD und KPD

(Bericht von Christopher Steel, dem Leiter der politischen Abteilung der britischen Militärregierung, an das Foreign Office über ein Treffen mit Grotewohl und Dahrendorf am 4.2.1946)

[…] Was sie sagten, war nicht ermutigend. Grotewohl, anfangs noch guter Laune, sah mitgenommen und besorgt aus. Nach dem Essen kamen wir zur Sache, und als ich ihn nach den Einheitslisten fragte, sagte er, das Ende stehe kurz bevor. Ich sagte, wir könnten nicht verstehen, dass die SPD wirklich mit den Kommunisten zusammengehen könne, es gebe doch wahrlich noch einen Unterschied zwischen Freiheit und Totalitarismus. Grotewohl sagte, das sei keine Frage von Programmen, sondern nackter Tatsachen […] Sie würden nicht nur persönlich unter stärksten Druck gesetzt (er sagte, sie würden von russischen Bajonetten gekitzelt), ihre Organisation in den Ländern sei vollkommen unterwandert. Männer, die ihm noch vor vier Tagen versichert hätten, sie seien entschlossen, Widerstand zu leisten, flehten ihn nun an, die Sache hinter sich zu bringen. Auf diese Leute sei jede nur mögliche Art von Druck ausgeübt worden, von dem Versprechen, ihnen einen Arbeitsplatz zu besorgen, bis zur Entführung am helllichten Tag, und wenn er, Grotewohl, zusammen mit dem Zentralausschuss den Widerstand fortsetzen würde, dann würden sie ganz einfach abgesetzt und durch Provinzausschüsse ersetzt werden. Im übrigen habe weiterer Widerstand auch keinen Sinn mehr, da sie sich von uns keine Hilfe mehr erhofften.

Auf meine Frage, was er damit meine, sagte Grotewohl, offensichtlich sei der „Eiserne Vorhang" (er gebrauchte diesen Ausdruck) unverrückbar. Die Franzosen würden jeden Ansatz zur Einheit Deutschlands abblocken und unter diesen Umständen sei jede Unterstützung wirkungslos. Ich fragte ihn, ob eine Einigung über die zentralen Verwaltungsstellen ihn ermutigen würde, an der Unabhängigkeit [der Partei] festzuhalten; darauf antwortete er mit großem Nachdruck, dass er das tun würde, selbst wenn die Behinderungen im Ost-West-Verkehr andauern würden. […]

Plakat der SED zu den Landtagswahlen in der Sowjetisch Besetzten Zone (SBZ) 1946: Wilhelm Pieck (KPD, links) und Otto Grotewohl (SPD, rechts) beim historischen Händedruck am 22. Apirl 1946 zur Besiegelung der Verschmeltzung von SPD und KPD.

45 Dahrendorf sprach davon, sie hätten bis zum Einsatz ihres Lebens Widerstand geleistet. [...]

Dies alles hat mich sehr deprimiert; aber es sieht so aus, als würden die Russen jetzt ihre Glaceehandschuhe ausziehen ...   45

(Rolf Steininger, Deutsche Geschichte 1945–1961. Band 1, Frankfurt 1983, S. 164)

1.1 *Erklären Sie den Vorgang, der in der Quelle zum Ausdruck kommt. (10 BE)*

1.2 *Bewerten Sie das Verhalten der Westmächte und der SPD in der Ost- und in den Westzonen einschließlich Berlins. (10 BE)*

2. *Skizzieren Sie die Besatzungspolitik der SMAD und die Entwicklung der Parteien in der SBZ 1945–1949. (10 BE)*

3. *Vergleichen Sie die Wirtschaftsentwicklung in der SBZ und in den Westzonen 1945–1949. (15 BE)*

4. *Beschreiben Sie den Weg zur westdeutschen Staatsgründung nach Spaltung der Anti-Hitler-Koalition. (15 BE)*

2 Bildquellen

2.1 Themenbereich: Französische Revolution

Jean-Baptiste Regnault, Freiheit oder Tod (Gemälde 1793)

Ölgemälde 50 x 49,3 cm, Kunsthalle Hamburg

1.1 Beschreiben Sie das Gemälde von Jean-Baptiste Regnault mit dem Titel „Freiheit oder Tod" von 1793. (10 BE)

1.2 Deuten Sie das Bild vor dem Hintergrund des Jahres 1793 in Frankreich. (10 BE)

1.3 Erklären Sie die Lage der Französischen Republik 1793. (10 BE)

1.4 Erörtern Sie: Die Terreur – Notwendigkeit oder Irrweg? (10 BE)

2. Skizzieren Sie den Weg der Französischen Revolution von 1789–1799. (10 BE)

3. Erörtern Sie, ob Napoleon als Verbreiter oder als Vernichter der Errungenschaften der Französischen Revolution angesehen werden muss. (10 BE)

2.2   Themenbereich: Industrialisierung in England und Deutschland

Anonyme Karikatur 1825

John Bull: Vetter Michel geh spazieren, anstatt zu schneidern und kauf dein Hemd bei mir, es kommt dich billiger!
Michel: Mag nicht, Vetter John Bull, will lieber arbeiten. _ Bei Allem was ich so billig von dir kaufe, verdiene ich eben nichts und muß deshalb jetzt schon mit verlumpten Hosen herumlaufen. _

John Bull / Deutscher Michel. Anonyme Karikatur 1825

1. *Erklären Sie kurz den Sinn der Karikatur. (5 BE)*

2.1 *Nennen Sie die politischen, religiösen, sozialen und wirtschaftlichen Voraussetzungen der Industrialisierung in England bis 1750 und stellen Sie diesen die entsprechende Situation in Deutschland um 1800 gegenüber. (15 BE)*

2.2 *Vergleichen Sie den Ablauf der Industrialisierung in England und Deutschland ausgehend von den maßgeblichen Schlüsselindustrien. (10 BE)*

3. *Erklären Sie die Rolle des Staates in der deutschen Industrialisierungsphase.(10 BE)*

4. *Skizzieren Sie den Stand der deutschen Industrialisierung 1870 im Vergleich zu England. (10 BE)*

5. *Nehmen Sie Stellung zu der These: Die Industrie vernichtet Arbeitsplätze. Begründen Sie Ihren Befund mit der Entwicklung im Deutschland des 19. Jahrhunderts. (10 BE)*

2.3   Themenbereich: Nationalismus und Liberalismus im 19. Jahrhundert

Revolutionäres Flugblatt

Forderungen des deutschen Volkes.

Allgemeine Volksbewaffnung mit freier Wahl der Offiziere.

Ein deutsches Parlament, frei gewählt durch das Volk. Jeder deutsche Mann, sobald er das 21ste Jahr erreicht hat, ist wahlfähig als Urwähler und wählbar zum Wahlmann. Auf je 1000 Seelen wird ein Wahlmann ernannt, auf je 100,000 Seelen ein Abgeordneter zum Parlament. Jeder Deutsche, ohne Rücksicht auf Rang, Stand, Vermögen und Religion kann Mitglied dieses Parlaments werden, sobald er das 25ste Lebensjahr zurückgelegt hat. Das Parlament wird seinen Sitz in Frankfurt haben und seine Geschäfts-Ordnung selbst entwerfen.

Unbedingte Preßfreiheit.

Vollständige Religions-, Gewissens- und Lehrfreiheit.

Volksthümliche Rechtspflege mit Schwurgerichten.

Allgemeines deutsches Staatsbürger-Recht.

Gerechte Besteuerung nach dem Einkommen.

Wohlstand, Bildung und Unterricht für Alle.

Schutz und Gewährleistung der Arbeit.

Ausgleichung des Mißverhältnisses von Kapital und Arbeit.

Volksthümliche und billige Staats-Verwaltung.

Verantwortlichkeit aller Minister und Staatsbeamten.

Abschaffung aller Vorrechte.

1.1 *Erschließen Sie Zeitpunkt des Erscheinens und politische Richtung dieses Flugblatts. (10 BE)*

1.2 *Vergleichen Sie diese Forderungen mit dem süddeutschen Konstitutionalismus. (10 BE)*

1.3 *Erklären Sie diese Forderungen aus den allgemeinen politischen Entwicklungen im Deutschen Bund 1815–1848. (10 BE)*

1.4 *Erläutern Sie, inwiefern sich diese Forderungen in Deutschland bis 1918 verwirklichen lassen. (10 BE)*

2.1 *Skizzieren Sie die Entwicklung des Nationalismus im 19. Jahrhundert. (10 BE)*

2.2 *Erörtern Sie den Anteil des Nationalismus an den deutschen Kriegen 1849–1914. (10 BE)*

2.4 Themenbereich: Antisemitismus und Zweiter Weltkrieg in Osteuropa

NS-Plakate 1941

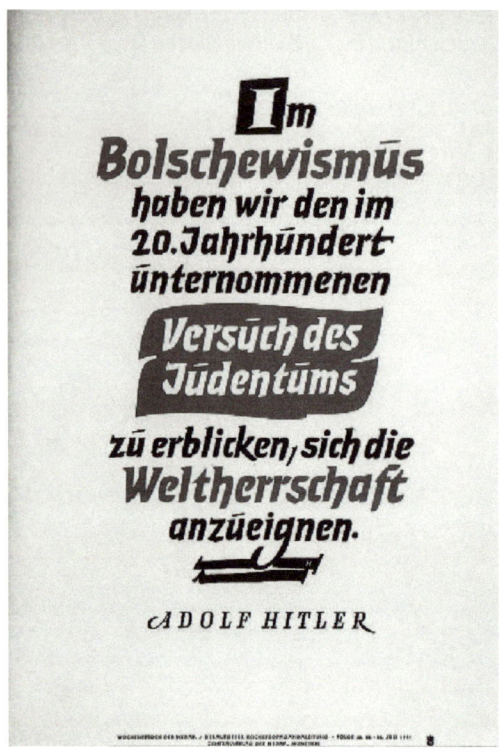

Plakat 1941: Parole der Woche

Plakat 1941: Deutschlands Sieg – Europas Freiheit

1.1 *Beschreiben Sie Bild 2 und interpretieren Sie es, indem Sie auch Bild 1 heranziehen. (15 BE)*

1.2 *Erklären Sie den Krieg gegen die Sowjetunion aus der NS-Ideologie. (10 BE)*

1.3 *Erörtern Sie, welche Elemente der deutschen Kriegsführung in Osteuropa dem NS-Rassismus entsprangen. (10 BE)*

2. *Beschreiben Sie die Entwicklung des Krieges im Osten vom August 1939 bis zum Februar 1943. (10 BE)*

3.1 *Vergleichen Sie die deutsche Besatzungspolitik während des Zweiten Weltkrieges im Westen mit der im Osten. (8 BE)*

3.2 *Vergleichen Sie die deutsche Kriegsfinanzierung im Ersten Weltkrieg mit der im Zweiten Weltkrieg. (7 BE)*

3. Statistiken

3.1 Themenbereich: Entwicklung von Wirtschaft und Gesellschaft im 19. und 20. Jahrhundert

Tabellen (1780–1970) und Diagramm (1970–1990)

a) Wertschöpfung nach Wirtschaftssektoren in Deutschland 1870–1913 (absolut)[1]

Jahr	Primärer Sektor[2]	Sekundärer Sektor[3]	Tertiärer Sektor[4]	Insgesamt
1870	5 738	3 997	4 434	14 169
1880	6 427	5 649	5 603	17 679
1890	7 732	8 615	7 242	23 589
1900	9 924	13 269	9 976	33 169
1910	10 625	18 546	13 730	42 981
1913	11 270	21 805	15 405	48 480

(G. Hohorst u.a., Sozialgeschichtliches Arbeitsbuch II. Materialien zur Statistik des Kaiserreiches 1870–1914. München[3] 1978, S. 88f.)

1 Nettoinlandsprodukt zu Faktorkosten in Mio. Mark
2 Landwirtschaft, Forstwirtschaft, Fischerei
3 Industrie, Handwerk, Bergbau
4 Verkehr, Handel, Banken, Versicherungen, Dienstleistungen

b) Entwicklung der Beschäftigtenzahlen in den einzelnen Wirtschaftssektoren

	Sektoren aller Beschäftigten (in Prozent)			Beschäftigte insgesamt
	primärer[1]	sekundärer[2]	tertiärer[3]	(in Mio.)
1780	65	19	16	10,0
1800	62	21	17	10,5
1825	59	22	19	12,6
1850	55	24	21	15,8
1875	49	30	21	18,6
1900	38	37	25	25,5
1914	34	38	28	31,3
1935	30	38	32	29,9
1970[4]	5	48	47	30,1

(F. W. Henning, Die Industrialisierung in Deutschland 1800 bis 1914. Paderborn[3] 1976, S. 20)

1 Landwirtschaft, Forstwirtschaft, Fischerei
2 Industrie, Handwerk, Bergbau
3 Verkehr, Handel, Banken, Versicherungen, Dienstleistungen
4 Bundesrepublik Deutschland

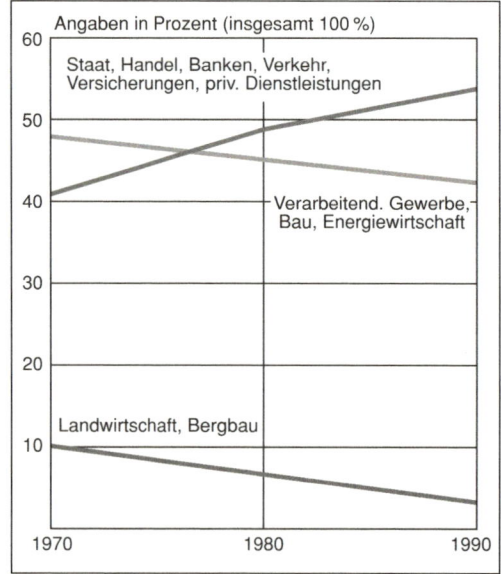

Arbeitsplätze nach Wirtschaftssektoren 1970–1990

1.1 Beschreiben Sie die Wirtschafts- und Gesellschaftsentwicklung im 19. und im 20. Jahrhundert anhand der Tabellen und dem Diagramm. (10 BE)

1.2 Interpretieren Sie die von Ihnen beschriebene Entwicklung mithilfe einer Ihnen bekannten Theorie. (10 BE)

2. Vergleichen Sie die Entwicklung in den 80er-Jahren des 19. mit der in den 80er-Jahren des 20. Jahrhunderts. (10 BE)

3. Erklären Sie die in Tabellen und Diagramm dokumentierten Gesellschaftsübergänge in Deutschland ausgehend von ihren Ursachen. (10 BE)

4. Nennen Sie Vor- und Nachteile solch grundlegender Veränderungen in der Wirtschafts- und Gesellschaftsordnung, wie sie in den vorliegenden Tabellen und im Diagramm zum Ausdruck kommen. (10 BE)

5. Erörtern Sie Vor- und Nachteile einer Darstellung von Wirtschaftsentwicklungen in der Form von Tabellen bzw. Diagrammen. (10 BE)

Register

Bildquellenverzeichnis

AKG 15, 31, 108 –
Bundesarchiv Koblenz 69u., 114 –
Cartoon-Caricature-Contor München 71 –
Deutsches Historisches Museum, Berlin 120 –
Dietz Verlag, Berlin 106 (2) –
dpa 31, 46
Giraudon, Vanvel Paris 49 (2)
Hauptamt für Hochbauwesen der Stadt Nürnberg 77 (2)
Historia Photo 61r –
Kunsthalle Hamburg 116 –

Landesbildstelle Berlin 110 –
Staatliche Galerie Dessau 101 –
Süddeutscher Verlag Bilderdienst, München 113 –
Verkehrsmuseum Nürnberg
aus: Anschläge. Deutsche Plakate 1900–1969. Verlag Lange-
wiesche-Brandt: Ebenhausen-München 69o –
aus: C, Zentner, F. Bedürftig: Das große Lexikon des Dritten
Reiches. Südwest Verlag: München 1985: 122 (2) –
aus: Geschichte in Karikaturen. Philipp Reclam jun.: Stuttgart
1981: 61links –